CW01018265

ALFFA AC OMEGA:
Tystiolaeth y Presbyteriaid Cymraeg yn Laird Street, Penbedw 1906-2006

D. Ben Rees

Cyhoeddiadau Modern Cymreig Cyf., Lerpwl,
ar ran Eglwys Bresbyteraidd Cymru,
Seion, Laird Street, Penbedw

2006

Argraffiad cyntaf: Mehefin 2006

Dymuna'r cyhoeddwyr gydnabod cymorth a chyfarwyddyd
Adran Olygyddol Cyngor Llyfrau Cymru
wrth baratoi'r fersiwn Cymraeg.

ISBN 0 901332 73 9

Cyhoeddwyd gan
Gyhoeddiadau Modern Cymreig Cyf., Allerton, Lerpwl 18,
ac argraffwyd yng Nghymru gan Wasg Dinefwr,
Heol Rawlings, Llandybïe,
Sir Gaerfyrddin, SA18 3YD.

Cynnwys

Pennod 1

Gofal Capel Parkfield am y Cymry

Chwaraeodd y Cymry ran amlwg yn hanes Penbedw fel ag y gwnaeth yr Albanwyr. Tua 1713 daeth y tir lle saif y dref yn awr yn eiddo i ŵr hirben o'r enw John Cleveland, masnachwr cyfoethog yn Lerpwl ac Aelod Seneddol dros y dref. Priododd ei ferch â Chymro o Sir y Fflint, Francis Price, Bryn y Pys, a daeth y tir yn etifeddiaeth maes o law i'w ŵyr, Francis Richard Price. Wedi ei farwolaeth ef fe'i gwerthwyd i adeiladu tref fechan ar lan afon Mersi, gyferbyn â Lerpwl. Ond y mae'r Cymro wedi ei anfarwoli yn yr enw a roddwyd ar un o brif ffyrdd y dref, sef Price Street.

Bechan oedd poblogaeth Penbedw yn 1801, dim ond 177 o drigolion. Ond buan y tyfodd fel y dengys yr ystadegau hyn:

1801	177
1821	300
1841	8,000
1861	51,649
1881	84,006
1901	110,915
1931	147,946

Prysiaid Bryn y Pys oedd yn bennaf cyfrifol am ddenu cynifer o Gymry i'r dref yn y blynyddoedd cynnar. Buont yn ffodus o'u harweinwyr yn y cyfnod hwnnw, yn arbennig Richard Williams, ac adeiladwyd capel i'r Methodistiaid Calfinaidd ar ddarn o dir yn

Camperdown Street, rhwng Market Street a Hamilton Street, yn 1836-37. Yr oedd clwy' enwadaeth wedi cydio yng Nghymry'r dref.

Dechreuodd y Wesleaid Cymreig gynnal moddion crefyddol yn Lower Tranmere yn 1838, y Bedyddwyr yn Price Street yn haf 1839, a'r Annibynwyr mewn tŷ annedd yn Albion Street yn 1842. Daeth pob un o'r cyrddau hyn yn gapeli maes o law. Erbyn 1847 yr oedd yr achos yn Camperdown Street yn ddigon hyderus i alw gŵr ifanc tra addawol, ym mherson John Ogwen Jones, i'w fugeilio. Roedd y Cymry'n tyrru i'r dref a Chapel Camperdown Street yn rhy fach i'w cynnwys. Prynwyd darn o dir mewn llecyn tawel yn Parkfield Avenue i godi addoldy arno. Fe'i hagorwyd dros y Sul olaf ym mis Hydref 1859 a chafwyd pregethwyr dawnus yr enwad i wasanaethu, megis y Parchedigion Henry Rees, Lerpwl, Dr Owen Thomas, Llundain, John Phillips, Bangor, David Jones, Caernarfon, a John Pritchard, Amlwch, yn Gymraeg a Hugh Stowell Brown, Lerpwl, yn Saesneg. Byr fu cyfnod John Ogwen Jones ac fe'i dilynwyd yn Ionawr 1862 gan y Parchedig Joshua Davies. Y pryd hwnnw roedd gan Gapel Parkfield 249 o aelodau, a'r nifer hwnnw'n cynyddu.

Ond roedd rhan ogleddol y dref yn denu llawer o Gymry a'r newydd-ddyfodiaid yn ei gweld hi'n bell teithio i Gapel Parkfield dair gwaith y Sul. Dadleuent o blaid sefydlu ysgol Sul yn nes at eu cartrefi. Cofier mai dim ond rhyw filltir a hanner oedd Parkfield o'r ardal hon, ond golygai arbed tair milltir allan o naw i'r mwyaf brwdfrydig. Felly, yn 1863, dan ofal Capel Parkfield, agorwyd ysgol Sul mewn tŷ annedd yn 12 Brassey Street. Brassey Street oedd un o ychydig strydoedd y cylch ar y pryd. Dwy arall a adeiladwyd oedd Vulcan Street a Bertha Street. Daeth cais hefyd yn yr un cyfnod i sefydlu ysgol Sul yn ardal Rock Ferry, mewn ystafell ar gongl New Chester Road a Wellingston Street. Bu'r fenter hon yn llawer mwy llwyddiannus nag arbrawf Brassey Street. O fewn tair blynedd ffurfiwyd eglwys newydd yno ac ymadawodd deugain neu ragor â'r fam eglwys.

Bu'n rhaid aros i'r ardal o amgylch Brassey Street ddatblygu oddeutu'r flwyddyn 1880 cyn gweld yr un llewyrch yno. Dylifodd y Cymry i'r cylch a chynyddodd y brwdfrydedd o dan arweiniad Griffith Rees a ofalai am wahanol agweddau ar y gwaith. O dan arweiniad mentrus Capel Parkfield Road, prynwyd darn o dir yn Laird Street i adeiladu ystafell hwylus ar gyfer Cymry Brassey Street a'r cyffiniau. Agorwyd yr adeilad newydd hwn ym mis Mawrth 1899 ac ymaelododd 63 o oedolion â'r ysgol Sul. Cynyddodd y nifer hwnnw i 94 erbyn 1904. Erbyn hynny hefyd yr oedd y patrwm wedi ei sefydlu gyda thri chyfarfod ar y Sul, a theimlid ym mrwdfrydedd y Diwygiad bod angen sefydlu eglwys arall yn y fangre newydd i Gymry Penbedw. Ac ar 14 Mawrth 1904 corfforwyd eglwys newydd gyda 55 o aelodau'n gefn iddi. Cynyddodd nifer yr aelodau i 114 erbyn diwedd y flwyddyn. Roedd llawer ohonynt wedi bod yn mynychu'r ysgol Sul tra bo eraill wedi eu dal yn rhwyd yr efengyl adeg ymweliad Evan Roberts, y Diwygiwr, â Phenbedw ym mis Ebrill 1905.

Llywyddwyd gan y Parchedig Thomas Gray, gweinidog Capel Parkfield Road a gŵr grymus yn yr enwad. Cynhaliwyd oedfaon y penwythnos hwnnw i glodfori Duw am bennod newydd ar Lannau Mersi, ac ymhlith y cenhadon gwelwyd wyneb anghyfarwydd, sef y Parchedig Simon G. Evans o wlad Llŷn, gŵr y byddwn yn sôn llawer mwy amdano. Daethai ef o dan ddylanwad y Diwygiad ym Mhwllheli, a gwnaeth ei bregeth argraff ddofn ar ffyddloniaid achos Laird Street cyn Nadolig 1905.

Pensaer yr adeilad newydd oedd Owen Roberts, North John Street, Lerpwl. Cymry oedd yr adeiladwyr hefyd, a phob un ohonynt yn aelodau o Bwyllgor Adeiladu Laird Street. Y pedwar oedd Owen Jones, Robert Roberts, William Thomas a David Evans. Byddai'r adeilad newydd yn costio £1,400 a derbyniwyd ar ddydd Sadwrn, 16 Rhagfyr 1905, y swm o £233-18-6 yn ogystal â £780-17-9 gan adael dyled o £600 ar yr achos newydd.

Etholwyd y blaenoriaid cyntaf cyn gosod y garreg sylfaen. Un o'r pedwar a gafodd ymddiriedaeth y gynulleidfa oedd David Evans, Cynlais, ffigur pwysig dros ben yn hanes Laird Street. Y tri arall oedd William Jones, Conway Street, John Morgan, Curzon Avenue, ac Edwin Roberts, Craven Street.

Agorwyd y capel yn swyddogol yn nechrau mis Ebrill 1906. Traddodwyd cyfres o bregethau o nos Iau, 5 Ebrill, hyd nos Sul, 8 Ebrill. Ymddiriedwyd y fraint i ddau o weinidogion y Cyfundeb yn Lerpwl, y Parchedigion Owen Owens, Anfield, a John Hughes, MA, Fitzclarence Street, ac i dri gweinidog o Gymru, y Parchedig Ddr Cynddylan Jones, Caerdydd, ar y nos Wener a'r nos Sadwrn, a'r Parchedigion W. R. Owen a Thomas Charles Williams, Porthaethwy, ar y Sul.

Y cam nesaf oedd gwahodd gweinidog, a syrthiodd y coelbren ar y Parchedig Simon G. Evans, BA, Pwllheli. Gŵr amryddawn, doeth a galluog ydoedd a gyfrannodd yn helaeth o dan ddylanwad Diwygiad 1904-05. Cynhaliwyd y cyfarfod sefydlu ar 18 Medi 1906, ac erbyn 1908 adeiladwyd ysgoldy ac ystafelloedd eraill ar draul o £500. Ni ellid disgwyl mwy. Roedd yr eglwys yn llewyrchus dros ben, ac wedi ei rhoi ar ben y ffordd gallai Capel Parkfield ei gadael i ymdopi ar ei phen ei hun. Ac felly y bu.

Pennod 2

Yr Achos Ifanc yn Sŵn y Diwygiad a'r Rhyfel Byd Cyntaf

Yr oedd y gweinidog newydd wrth ei fodd yn Laird Street, yr unig achos ar Lannau Mersi i darddu o gyffro a chân y Diwygiad. Roedd y lle ar dân, a cheid canu cyson ar 'O! Arglwydd, dyro awel, a honno'n awel gref', 'Adref, adref blant afradlon, gadewch gibau gweigion ffôl', 'Mi glywaf dyner lais yn galw arnaf fi', ac emyn mawr y Diwygiad, 'Dyma gariad fel y moroedd'.

Roedd Penbedw fel tref yn ehangu a busnes adeiladu un o flaenoriaid Laird Street, David Evans, yn ffynnu. Deuai dynion ifanc o Gymru, yn arbennig o Ynys Môn, i weithio iddo. Ymgartrefent yn y gymdogaeth a deuent yn aelodau yng Nghapel Laird Street. Tyfu'n raddol a wnaeth yr achos yn ystod gweinidogaeth y Parchedig Simon G. Evans. 185 oedd nifer yr aelodau yn 1908, ond erbyn 1913 yr oedd wedi cynyddu i 197. Yn y flwyddyn honno ymddiswyddodd y Parchedig Simon G. Evans wedi iddo benderfynu newid cyfeiriad a mynd yn feddyg. Dilynodd gwrs ym Mhrifysgol Lerpwl, ac ar ôl graddio daeth yn ôl i ymgartrefu yn y dref lle y buasai'n weinidog yr efengyl. Daeth yn aelod o Gapel Laird Street ac fe'i gwnaed yn flaenor yn ddiweddarach.

Olynydd Simon G. Evans oedd y Parchedig T. J. Rowlands, gweinidog Libanus, Llanfechell, a Jerwsalem, Mynyddmechell, yn Henaduriaeth Môn. Daeth atynt i Laird Street ar adeg anodd. Roedd y Rhyfel Byd Cyntaf newydd gychwyn, a chreodd hynny

9

rwyg poenus ym mhob capel. Yr oedd traddodiad hir o heddych-iaeth yn y capeli Cymreig ond areithiodd rhai o weinidogion amlycaf yr enwadau o blaid y rhyfel gan honni mai rhyfel cyfiawn ydoedd. Elwodd yr achos ar ddylifiad gweithwyr o Gymru i Benbedw a'r cylch adeg y rhyfel. Daeth T. J. Rowlands i eglwys weithgar a haelionus, yn arbennig o dan arweiniad David Evans, Cynlais, Upton Road. Cyfrannai ef at bob casgliad a drefnid. Ar wahân i Gasgliad y Weinidogaeth, yr Eisteddleoedd a'r Cyfarfod Pregethu ceid llu o gasgliadau eraill yn 1915: y Drysorfa Gynorth-wyol, y Symudiad Ymosodol, yr Ysbytai i'r Tlodion, y Feibl Gym-deithas, y Gronfa Fenthyciol, Cyfarfod Croesawu'r Gweinidog a'i Briod, y Genhadaeth Dramor, Cronfa Tywysog Cymru (David Evans a'i briod a roddodd £10-0-0 allan o gyfanswm o £17-0-0), Casgliad i'r Digartref o Wlad Belg (cyfanswm o £3-5-6 gan 32 o unigolion, yn cynnwys David Evans ond y mwyafrif yn wragedd), Casgliad i'r Eglwys Gymraeg yn Wolverhampton, yr achosion Seisnig a'r Cyfarfod Diolchgarwch (£10-0-0 arall gan Mr a Mrs David Evans allan o gyfanswm o £16-12-7). Yr unig gasgliad, am ryw reswm, na roddodd y Monwysyn o adeiladydd iddo oedd y casgliad tuag at Athrofa'r Bala.

Yr oedd T. J. Rowlands yn ddigon dedwydd ei fyd er gwaethaf y bygythiadau ar y gorwel. Dyma ei eiriau canmoliaethus:

Ceir cynulliadau rhagorol yng ngwahanol gyfarfodydd yr eglwys. Y mae blas arbennig ar weinidogaeth y Sabbath, ac arogl esmwyth ar y Cyfarfod Gweddi a'r Seiat.

Er hynny, roedd dau beth yn poeni'r gweinidog:

Gwna'r Ysgol Sul ei gwaith yn effeithiol, ond dylai fod yn llawer cryfach o ran rhif. Dyma ydyw ein dau fan gwan, diffyg presenoldeb yn yr Ysgol Sul, a diffyg prydlondeb i foddion gras.

Mewn dyddiau pan nad oes ysgol Sul o gwbl yn Laird Street mae'n chwith meddwl fod y gweinidog yn cwyno mai dim ond 131 o bobl oedd yn mynychu'r ysgol Sul – 67 o oedolion yng ngofal 9 o athrawon, a 47 o blant yng ngofal 8 o athrawon.

Bu Capel Laird Street yn weithgar pan gynhaliwyd yr Eisteddfod Genedlaethol o fewn tafliad carreg iddo ym Mharc Penbedw. Daeth yr eisteddfod honno yn un o'r rhai enwocaf erioed, oblegid ar 6 Medi 1917 fe enillodd Ellis Humphrey Evans (Hedd Wyn) y Gadair am ei awdl 'Yr Arwr'. Mab fferm Yr Ysgwrn yn Nhrawsfynydd ydoedd ef a chafodd ei ladd ar 31 Gorffennaf 1917 wrth ymladd gyda 15fed Bataliwn y Ffiwsilwyr Brenhinol Cymreig ym Mrwydr Pilken Ridge. Yr oedd Hedd Wyn yn un o filoedd o filwyr o Brydain a laddwyd ar ddiwrnod cyntaf y frwydr waedlyd. Pan gyhoeddwyd ei farwolaeth yn yr eisteddfod gorchuddiwyd y Gadair hardd ag amwisg ddu. Yr oedd cysylltiad agos rhwng Capel Laird Street a Chadair Ddu Birkenhead. Haelioni'r blaenor da ei air, David Evans, Cynlais, a alluogodd y pwyllgor lleol yn y lle cyntaf i ddwyn y draul o greu'r Gadair. Un a fu'n flaenor am flynyddoedd yn Laird Street, J. H. Jones, golygydd *Y Brython* ar y pryd, a gafodd y dasg o fynd i wahodd Eugene Van Fleteren, ffoadur o Wlad Belg a oedd yn byw ym Mhenbedw, i lunio Cadair gywrain. David Evans oedd cadeirydd Pwyllgor yr Adeilad yn yr eisteddfod ac yr oedd y gadair a gyflwynodd yn werth mwy na chan gini ar y pryd. Dywedwyd yn *Y Brython*, 20 Medi 1917, fod y Gadair yn un o'r rhai perffeithiaf a grëwyd erioed.

Llwyddodd J. H. Jones i ddod yn gryn ffrindiau gyda Eugene Van Fleteren. Ysgrifennodd y crefftwr am ei gefndir fel hyn:

> . . . I am a Belgian, chased with wife and family from my home and country, and anxiously awaiting the day when the Huns will be driven back to the other side of the Rhine. Before the war, I lived at Malines, where I had a flourishing business in woodwork of art, – furniture and every kind of work in which carving forms the most particular part.

Dychwelodd Van Fleteren i Wlad Belg yn 1919 ac yno, ym Mechelen, y bu farw ar 16 Chwefror 1950.

Cynrychiolwyd teulu'r Ysgwrn yn yr eisteddfod gan R. W. Edwards (Rolant Wyn), aelod yng Nghapel Parkfield a chefnder i fam Hedd Wyn. Anfonodd lythyr at y teulu ar 10 Medi 1917 i'w hysbysu o'r trefniadau a wnaethai i gludo'r gadair dderw drom i Drawsfynydd:

> Bwriadaf ddod â hi yno – sef i'r Traws – ddydd Mercher; nis gwn yn sicr pa drên eto ond y tebyg yw mai efo'r trên 12.55 o Birkenhead, cyrhaedd yna 6:20. Diameu y gofelir am rywbeth i'w chludo o'r orsaf gan ei bod yn anferth o drwm ac y gofelir am le iddi yn y pentref hyd ar ôl y Cyfarfod, a pheidio gadael i bawb lygadrythu arni gan y ca'r cyhoedd gyfle i'w gweld yn yr Hall.
>
> Ystyriaf hi yn Gadair gysegredig, yn werth gwaed un o fechgyn mwyaf athrylithgar Cymru.

Canodd y beirdd y diwrnod hwnnw yn yr ing a'r golled. Dyma un o benillion y bardd-bregethwr, Evan Rees (Dyfed):

> Hedd Wyn oedd ei enw, a gwynnu y bu –
> Does dim ar ei ôl ond ei Gadair yn ddu;
> Di-chwerwedd ei galon, digwmwl ei wedd,
> A byw yw ei gân, os yw'r Bardd yn ei fedd.

Darllenodd y sosialydd adnabyddus, y Parchedig Silyn Roberts, bedwar englyn. Dyma un ohonynt:

> Tros y gwir rhag treisio gwerin – Hedd Wyn
>   Rodd ei waed yn ddibrin,
>   A'i fedd gloddiodd y fyddin
>   Yn nhir Ffrainc, bro'r gainc a'r gwin.

Arllwyswyd hiraeth gan amryw o feirdd, beirdd o Lerpwl fel Madryn a Phedrog, a beirdd cenedlaethol fel Dewi Emrys, Cadfan, Crwys, Elfed ac R. Williams Parry. Canodd 'Bardd yr Haf' yr englyn hwn iddo:

> Trawsfynydd! Tros ei feini trafaeliaist
>   Ar foelydd Eryri:
>   Troedio wnest ei rhedyn hi,
>   Hunaist ymhell ohoni.

Ond englyn Hedd Wyn ei hun i gyfaill a laddwyd yn gynharach yn y rhyfel yw'r mwyaf realistig ohonynt i gyd:

> Ei aberth nid â heibio, – ei wyneb
>   Annwyl nid â'n ango';
>   Er i'r Almaen ystaenio
>   Ei dwrn dur yn ei waed o.

Casglwyd cerddi'r bardd o Drawsfynydd ynghyd a'u cyhoeddi yn 1918 dan y teitl *Cerddi'r Bugail.* Gwerthwyd copïau o'r gyfrol yn Laird Street ac ar y Glannau i gyd.

Yr adeg honno daeth y newydd fod y Parchedig T. J. Rowlands am derfynu ei gysylltiad â Chapel Laird Street ac, yn wir, â'r enwad. Ymadawodd â'r Mans, 320 Park Road North, ym mis Medi 1918 gan ymuno â'r Eglwys Anglicanaidd.

Ni bu Capel Laird Street yn hir iawn heb olynydd i T. J. Rowlands. Yn nechrau haf 1919 daeth y Parchedig Hugh Morgan Pugh o eglwys Bethlehem, Bae Colwyn, i fugeilio'r praidd a chychwyn pennod fer ond disglair yn hanes yr achos.

Pennod 3

Gweinidogaeth H. M. Pugh (1919-1923)

Yr oedd 1919 yn flwyddyn o lewyrch ysbrydol yng Nghapel Laird Street fel y dengys yr ystadegau hyn:

	1918	*1919*	*Cynnydd*
Rhif yr Aelodau	235	282	47
Rhif y Plant	90	104	14
Rhif y Gynulleidfa	352	426	74
Casgliad y Weinidogaeth	£220-7-6	£296-4-0	£76-16-6
Casgliad Cyhoeddus y Gynulleidfa	£26-15-0	£62-4-0	£35-9-0
Ardreth yr Eisteddfod	£51-17-0	£53-0-6	£1-3-6
Saith Casgliad Cyfundebol	£36-7-7	£43-9-11	£7-24
Cyfanswm Casgliadau Eraill	£164-18-7	£186-3-9	£21-5-2
Cyfanswm yr Holl Gasgliadau	£500-5-8	£641-13-3	£141-7-7

Dyma flwyddyn gyntaf gweinidogaeth y Parchedig H. M. Pugh a gwelwyd cynnydd ym mhob maes gan gynnwys yr ysgol Sul – cynnydd sylweddol o 46 yn nifer y deiliaid ar brynhawn Sul, a chynnydd o 22 yng nghyfartaledd y presenoldeb. Diddorol iawn wrth ddarllen nodiadau'r gweinidog newydd yw sylweddoli cyfraniad yr ifanc: 'Llecyn goleuaf yr ysgol yw dosbarthiadau'r dynion ieuainc – y milwyr dychweledig.' Ni welwyd yr un ffenomenon yn hanes y capeli ar ôl cyflafan yr Ail Ryfel Byd.

Yr oedd un peth yn amlwg o'r cychwyn cyntaf, sef y nwyd cenhadol a welid yn agwedd a gweithgarwch y gweinidog. Gwelai'r Parchedig H. M. Pugh y cynhaeaf toreithiog o'i amgylch. Dyma ei gri yn ei flwyddyn gyntaf fel bugail Capel Laird Street:

> Preswylia yn rhanbarth gogleddol Birkenhead ugeiniau o Gymry nad ydynt yn mynychu unrhyw le o addoliad – awn allan i'r priffyrdd a'r caeau a chymhellwn hwynt i ddyfod i mewn. Eglwys genhadol yw eglwys Crist. Mae inni faes a chyfle gwyn yn y cyfeiriad hwn.

Gwir oedd hynny. Sefydlwyd Pwyllgor Croeso ac Ymweled i chwilio a gwahodd y Cymry Cymraeg esgeulus a bu'r ymateb yn anhygoel. Cynyddodd aelodaeth Capel Laird Street yn 1920 i 344 o aelodau. Yn niwedd 1919 yr oedd 282 o aelodau ar lyfrau'r eglwys, felly gwelwyd cynnydd mewn un flwyddyn o 62 o oedolion.

Yr oedd y gynulleidfa yn Laird Street, ar nos Sul yn arbennig, yn gorlenwi'r capel. Penderfynodd y blaenoriaid a'r gweinidog ychwanegu adain at y capel a fyddai'n cynnwys seddau ar gyfer mwy na 80 o aelodau. Fel y gellid disgwyl, bu David Evans, ysgrifennydd yr eglwys, yn hael ei gyfraniad ariannol. Cynigiodd yn rhodd y tŷ helaeth a safai gerllaw'r capel. Yr oedd rhif 4 Laird Street bryd hynny yn werth £1,000 ar y farchnad agored, gwerth £120,000 yn 2006. Ond roedd ei rodd yn amodol – byddai'n rhaid i'r aelodau glirio'r ddyled o £500 oedd ar yr achos. Casglwyd yn 1920 y swm rhagorol o £971-12-9, a gwnaed yr holl waith ar yr estyniad gan y Birkenhead House Construction Company am swm y cyflogau a thraul y defnyddiau yn unig.

Dychwelodd y bechgyn a fu yn y rhyfel yn ddianaf, er i Private J. T. Evans, 36 Thorneycroft Street, farw yn 1919. Roedd Capel Laird Street yn dal yng ngwir ystyr y gair yn eglwys y Diwygiad a gwefr anghyffredin yn oedfaon y Sul. Disgrifiwyd y gymuned hon yn odidog gan y Parchedig H. M. Pugh yn 1920:

Gwinllan ieuanc yw eglwys Laird Street: pymtheg mlynedd sydd er ei sefydliad. Teuluoedd ieuainc, a thyrfa o lanciau a gwyryfon yn llawn ynni, ac yn gyfoethog, o dalent ac adnoddau, a thros gant o blant a geir yma. Llu o feddyliau iraidd, newydd yn agor, ac yn chwannogu am luniaeth a gobaith a dyhead yn eu henaid.

Gallai'r gweinidog edrych ymlaen yn ffyddiog at y dyfodol:

Mae rhagolygon gwych i'r eglwys yn Laird Street a gwaith mawr o'n blaen. Talu y ddyled, sicrhau lle helaethach i'r gynulleidfa gynyddol i addoli, ennill esgeuluswyr at Grist ac i'w arddel a'i wasanaethu, codi baner dirwest, dwyn y plant a'r bobl ieuainc fwyfwy dan ddylanwad y Groes, cael yr eglwys i'r Ysgol Sul, a myned rhagom oll at berffeithrwydd.

Yr oedd Laird Street yn fwrlwm o weithgarwch, a'r cyfan wedi ei drefnu'n ofalus. Yr oedd y Cyfeisteddfod Ariannol a Phwyllgor y Genhadaeth Dramor yn weithgar, felly hefyd y Gymdeithas Lenyddol, y Gobeithlu a Dosbarthiadau yr Iaith Gymraeg a'r Dosbarthiadau Ysgrythurol. Ceid gweithgarwch cyson bob nos ac eithrio nos Sadwrn. Dyma'r drefn ar y Sul:

9.45	Cyfarfod Gweddi
10.45	Oedfa'r Bore
2.45	Ysgol Sul
6.00	Oedfa'r Hwyr
7.30	Cyfarfod Canu.

Dyna bum awr a hanner mewn un diwrnod i'r selogion o fewn muriau'r cysegr. Yna, yn ystod yr wythnos, ceid y cyfarfodydd hyn:

Nos Lun, am 6.30, Dosbarthiadau yr Iaith Gymraeg. Am 7.30,

Cyfarfod Gweddi, ac yn dilyn am 8.30, Cyfarfod Darllen dan ofal y gweinidog.

Nos Fawrth, cynhelid Dosbarth y Cymunwyr Ieuainc am o leiaf dri i bedwar mis yn dechrau am 6.30 dan ofal y gweinidog a Mrs R. M. Maddocks, 21 Primrose Road.

Nos Fercher am 7.30, y Gymdeithas Lenyddol a Chymdeithas y Bobl Ieuainc bob yn ail.

Nos Iau am 6.30, Dosbarthiadau Safonau'r Plant, ac yn dilyn am 7.30, Cyfarfod Eglwysig.

Nos Wener am 6.30, y Gobeithlu, ac yn dilyn am 7.30, y Gymdeithas Gerddorol.

Dyma yn ddi-ddadl oes aur yr eglwys yn Laird Street a phob capel Cymraeg arall ar y Glannau. Yr oedd yn amlwg hefyd fod rhai o'r aelodau yn rhoddi eu holl amser hamdden i'r achos. Cymerer yr enghreifftiau hyn. Dyna gyfraniad nodedig Miss Lizzie Roberts, LRAM, Glasfryn, Upton Road. Roedd ei thad, Robert Roberts, yn drysorydd yr adeiladau a'i mam, Mrs Roberts, yn un o athrawon ysgol Sul y plant ac yn barod iawn i letya'r gweinidogion gwadd a ddeuai i wasanaethu ar y Suliau ym mis Gorffennaf. Cyfeiliai Lizzie Roberts yn y Gobeithlu a'r ysgol Sul, yr oedd yn aelod o bwyllgorau'r Genhadaeth Dramor, y Gymdeithas Lenyddol, a Chaniadaeth y Cysegr, yn ysgrifennydd Cymdeithas y Bobl Ieuainc, neu'r Guild fel y'i gelwid, ac yn athrawes ysgol Sul y plant. Yr oedd hi hefyd yn is-lywydd Pwyllgor y Bobl Ieuainc a fu'n codi arian at y costau ychwanegol yn 1920. Un debyg iddi oedd Miss Eunice Thomas, Treflyn, Cavendish Road. Roedd ei thad, William Thomas, yn flaenor er 1912 ac yn drysorydd yr eglwys, a'i mam ar Bwyllgor y Genhadaeth Dramor ac yn drysorydd y Gobeithlu.

Byddai Mrs Thomas yn lletya gweinidogion ar y Sul neu dros y Sul ym mis Tachwedd. Ond ymunai Eunice ym mhob gweithgaredd. Roedd yn gyfeilydd yn yr oedfaon a'r ysgol Sul, yn aelod o'r Pwyllgor Cerddorol a Phwyllgor Gwaith y Gymdeithas Lenyddol, Pwyllgor y Bobl Ieuainc a hefyd y Gobeithlu, yn athrawes ar Ddosbarth yr Iaith Gymraeg i blant 12 i 14 oed, un o'r Dosbarthiadau Ysgrythurol a Dosbarth Ysgol Sul y Plant. Hi hefyd oedd ysgrifenyddes y Pwyllgor Croeso ac Ymweled a gafodd gymaint o lwyddiant yn 1919-20 wrth ddod o hyd i Gymry esgeulus yn y cyffiniau. Yr oedd naw Is-bwyllgor Croeso ac ysgrifennydd i bob adran, a disgwylid i Eunice Thomas alw'r Pwyllgor Cyffredinol bob chwarter. Hi a'i rhieni oedd asgwrn cefn yr ail ddosbarth ac yr oedd ei mam yn perthyn i'r nawfed dosbarth.

Yn 1921 cafodd y Parchedig H. M. Pugh gynhaeaf ardderchog o ran bedyddiadau. Bedyddiwyd 18 baban i gorlan yr eglwys i atgyfnerthu maes o law yr ysgol Sul a'r Gobeithlu. Nid oedd y blynyddoedd hyn wedi'r rhyfel yn rhai hawdd yn gymdeithasol nac yn economaidd. Yn 1921 ymadawodd 40 o aelodau, llawer ohonynt yn dychwelyd i fyw i Gymru gan fod yr amodau economaidd yn fregus. Ac eto, yr oedd ychydig mwy o Gymry yn ymaelodi yn Laird Street nag oedd yn ymadael. Derbyniwyd trwy docynnau 44 o aelodau a 7 o'r byd, cyfanswm o 51, cynnydd o 11. Roedd nifer y cymunwyr ar ddiwedd 1920 yn 344 o aelodau. Yn rhyfeddol, dim ond un a gollwyd yn yr angau, a hwnnw'n blentyn blwydd a dau fis o'r enw Thomas Peter Deering. Trasiedi o'r mwyaf. Ond yn 1921 yr oedd 355 o aelodau ar lyfrau'r eglwys, y nifer fwyaf a fu'n perthyn i'r achos yn Laird Street. Yn anffodus, collwyd y flwyddyn honno un o arweinwyr mwyaf nodedig y capel pan symudodd David Evans a'i briod i Benmon, Ynys Môn. Gwnaed ef yn flaenor yng Nghapel Tŷ Rhys, Llangoed. Buasai'n angor i'r achos ac i fywyd Cymraeg Penbedw, yn ffyddlon yn yr holl weithgareddau ac yn hynod o haelionus. Cafodd dysteb yn ôl arfer yr eglwys.

Etholwyd blaenoriaid newydd yn ystod gweinidogaeth y Parchedig H. M. Pugh, sef y meddyg, Dr W. A. Owen, Gorwyl, William Edwards, 140 Park Road North, a Mr O. C. Roberts, 74 Upton Road.

Diddorol yw nodi fod Mr R. Edwin Roberts, 1 Laird Street, mab ceidwad y capel, Mrs Ruth Roberts, wedi mynd yn genhadwr i'r India ym mis Tachwedd 1920 dan nawdd y Thado Kuki Pioneer Mission Society. Pam nad aeth ef a'i briod dan nawdd Cenhadaeth Dramor Eglwys Bresbyteraidd Cymru? Mae hyn yn ddirgelwch i mi, a chyn cyflawni'r ymchwil hwn nid oeddwn yn gwybod dim amdanynt. Dyna'r rheswm na chyfeirir atynt o gwbl yn y cyfrolau a olygais ar y cenhadon o Gymru a fu yn yr India o 1840 hyd 1970 dan y teitlau *Llestri Gras a Gobaith* a *Vehicle of Grace and Hope*.

Yn gynnar yn 1923 penderfynodd y gweinidog, er dirfawr siom i'r eglwys, newid maes o fewn yr Henaduriaeth, a hynny ar ôl cyfnod cymharol fyr. Symudodd yr ochr draw i afon Mersi i ardal Anfield i ofalu am Gapel Bethlehem, Douglas Road. Bu'n ŵr gweithgar a hynod o gymeradwy ymhlith pobl Laird Street. Codwyd pwyllgor bugeiliol arall ac aethpwyd ati gyda thrafferth i chwilio am olynydd teilwng iddo.

Pennod 4

Colli Aelodau a Chanmoliaeth o enau'r Gweinidog Caredig

Yn niwedd 1923 roedd blaenoriaid Capel Laird Street yn poeni'n fawr ynghylch y colledion yn rhengoedd yr aelodau. Ni chafwyd ond 16 o aelodau newydd ond collwyd 103, 55 trwy docynnau, 3 yn yr angau a 45 heb docynnau. Dyma eglurhad y pedwar ohonynt am y trai:

> Cafwyd colledion trymion yn ystod y flwyddyn; ymadawodd rhai teuluoedd oddi wrthym i Gymru, eraill aethant dros y moroedd. Teimlwn golled ar eu hôl a dymunwn nodded Duw drostynt yn eu cartrefi newyddion.

Roedd hyn yn boenus i eglwys a anwyd yng ngwres Diwygiad 1904-05 ac a dderbyniodd yn helaeth o ysbryd y Diwygiad hwnnw. Ond o leiaf llwyddodd y Pwyllgor Bugeiliol i alw gweinidog ym mherson y Parchedig Robert Williams, BA, Llanllechid, a dechreuodd yntau ar ei dasg ym mis Mawrth 1924. Roedd ganddo goflaid o waith o'i flaen, ond yn ei anerchiad cyntaf cafwyd arwydd o'r optimistiaeth a feddai, a'r gwerthfawrogiad amlwg a deimlai ar ôl symud o Arfon i Lannau Mersi:

> Etifeddiaeth deg yw'r eiddom yn y plant, peidied neb â difwyno eu blagur â gair sarrug na chilwg cas. Derbynied yr

athrawon a'r athrawesau yn yr Ysgol Sabothol, yn y gwahanol ddosbarthiadau, ac yn y Gobeithlu, a'r cyfeillion caredig a ddaw i'w hannerch o wythnos i wythnos, fy niolch diffuant am eu gofal drostynt a'u cyfreidiau iddynt. Mae'r bobl ieuainc yn ffyddlon ac yn ufudd, ac y mae yma lu mawr ohonynt.

O blith y rhain, nid oedd hi'n anodd denu actorion i gefnogi'r cwmni drama a gychwynnwyd. Bu'r cwmni drama o gymorth mawr ac yn hynod o haelionus ym mlwyddyn gyntaf ei fodolaeth am iddo gyflwyno cyfraniad o £51-10-0 i ddileu'r ddyled ar yr adeilad. Roedd bri mawr ar gwmnïau drama amatur yn y 1920au yng nghapeli'r Glannau. Ceid o leiaf ddeg ar hugain ohonynt ymhlith Cymry'r capeli. Rhoes y Parchedig Robert Williams ei fys ar bŷls y gweithgarwch diwylliannol hwn er mwyn diogelu'r aelodau 'rhag y drwg sydd yn y byd' a'u cadw 'yng nghlwm ag eglwys y Duw byw'.

Roedd y gweinidog newydd yn dal i ganmol y cynulleidfaoedd rhagorol a welid fore a hwyr yn Laird Street. Roedd y plant yn derbyn gofal yn y Gobeithlu, ac yn 1926 etholwyd dau adnabyddus yn y gynulleidfa yn flaenoriaid, sef gweinidog cyntaf yr eglwys, Dr Simon G. Evans, Cavendish Mount, Park Road North, a'r newydd-iadurwr, J. H. Jones, golygydd *Y Brython*.

Cafwyd haelioni mawr at y ddyled yn 1925. Casglodd pobl Penbedw a'r cylch, aelodau a charedigion, gyfanswm o £563-15-9. Cyflwynodd Mr O. C. Roberts, Bryntirion, Bidston Road, £100 at yr angen. Gwelir enw John Hughes, Moneifion, Wavertree (blaenor yn Webster Road a Heathfield Road, Lerpwl, yn ddiweddarach), a'i gyfraniad o £5.

Yr oedd yr eglwys yn Laird Street yn dal ei thir er y colledion, a mynegid brwdfrydedd ym mhob rhan o'i gwaith. Teimlai'r gweinidog optimistaidd y dylai rhai o'r addolwyr ddod mewn pryd i oedfaon bore Sul. 'Dewch yno i ganu'r emyn cyntaf,' meddai wrthynt. Erbyn hyn yr oedd un o'r gwŷr ifainc, Michael Parry, 55 Kingsley Road (brodor o Lannerch-y-medd), yn Ysgol Glynnog yn paratoi ar gyfer y weinidogaeth Bresbyteraidd. Ef oedd arolygwr yr ysgol Sul yn 1925. Daeth ef yn ddiweddarach yn enw cyfarwydd fel arweinydd ar lwyfan yr Eisteddfod Genedlaethol, a threuliodd ran helaethaf ei oes fel gweinidog ymhlith Cymry Llundain.

Bu 1927 yn flwyddyn anghyffredin am fwy nag un rheswm. Ni chollwyd neb yn yr angau yn ystod y flwyddyn, y tro cyntaf i hynny ddigwydd er agor y capel yn Ebrill 1906. Yn ychwanegol, derbyniwyd mwy o had yr eglwys i gyflawn aelodaeth nag a gaed mewn unrhyw flwyddyn arall, sef 16 o bobl ieuainc. Yr oedd nifer yr aelodau ar ddiwedd 1927 yn fwy o 37 nag ydoedd ar ddechrau'r flwyddyn. Ymysg y pedwar a fedyddiwyd y flwyddyn honno gwelir enw David Alan Price Evans, mab Mr a Mrs Owen Evans, Corbri, Shamrock Road. Bedyddiwyd ef gan y Parchedig Robert Williams ar ddydd Sul, 15 Mai 1927. Adwaenir ef bellach fel un o feddygon pwysicaf ein cyfnod, yr Athro Emeritws David Alan Price Evans, ac mae'n aelod gwerthfawr pan fydd yn ôl yn Lerpwl, ym Methel, o'i waith meddygol yn Riyadh, Saudi Arabia.

Dim ond un aelod a gollwyd yn 1928, sef Miss Elizabeth Williams, Lorner Road. Bwriodd dros 30 mlynedd yng ngwasanaeth teulu Mr a Mrs Edward Smallwood, Wallasey, a Mr a Mrs Frank Lloyd, Claughton. Gwraig onest, rasol, annwyl ydoedd a ddeuai yn wreiddiol o bentref glofaol Rhosllannerchrugog. Gwerthfawrogai'r oedfaon yn fawr ac âi weithiau ar noson waith i'r seiat a'r cyfarfod gweddi, dau gyfarfod a ddaeth yn amhoblogaidd hyd yn oed mewn capel a darddodd o brofiadau tanbaid diwygiad crefyddol. Dyma ddagrau'r dirywiad a oedd i waethygu dros y blynyddoedd, ac erbyn hyn mae'r ddau gyfarfod pwysig wedi diflannu'n llwyr o galendr y capel.

Ymysg yr wyth baban a fedyddiwyd ceir ar 1 Ebrill enw David Thomas Gruffydd Evans, Derw Cottage, Ashburton Avenue, mab i ddau berson gweithgar yng Nghapel Laird Street, sef Mr a Mrs J. Cynlais Evans. Roedd yntau'n fab i'r arloeswr David Evans a hithau'n wraig ddiwylliedig o Geredigion a oedd yn hynod o weithgar fel ysgrifennydd Pwyllgor y Genhadaeth. Daeth David Thomas Gruffydd Evans yn wleidydd amlwg yn y cylch ac yn arweinydd y Rhyddfrydwyr. Bu hefyd yn gyfreithiwr mygedol i Henaduriaeth Lerpwl am flynyddoedd.

Bu farw Dr Simon G. Evans, gŵr pwysig yn hanes Laird Street. Dywedwyd amdano ei fod 'yn ŵr craff ei ddeall, aeddfed ei farn, a'i arafwch tangnefeddus a'i sirioldeb yn gaffaeliad i'r achos ym mhob trafod a gweithredu'. Etholwyd blaenor newydd yn 1928 ym mherson Arthur J. Roberts, Haldane Avenue. Symudodd O. C. Roberts i Lerpwl yr un flwyddyn ac ymaelodi yn eglwys Belvidere Road lle y'i gwnaed yn flaenor. Colled fawr oedd hyn yn ogystal â cholli'r gweinidog ym mis Hydref 1928, pan symudodd ef i Gaernarfon i fugeilio Capel Engedi. Ar derfyn tymor ei fugeiliaeth rhifai'r eglwys 348 o aelodau.

Bu colled fawr arall ym mis Ionawr 1929 pan fu farw un o wrandawyr brwdfrydig Gair Duw yn Laird Street, Ezra Bellis (1849-1929), Elvet Street. Gŵr o Sir y Fflint ydoedd yn wreiddiol ac roedd yn llawn edmygedd o gewri'r pulpud. Cofiai ef glywed y Parchedigion Dr Owen Thomas, Princes Road, Lerpwl, a Dr John Hughes, Fitzclarence Street, a dywedid bod eu 'pregethau yn fforddio cysur a diddanwch iddo ym mlynyddoedd ei lesgedd a'i henaint'.

Bu'r eglwys am ddwy flynedd heb fugail a chlywyd dro ar ôl tro hiraeth dirdynnol am y Diwygiad a roes fod i'i eglwys. Mynegwyd hyn ar Ddydd Gŵyl Dewi 1930:

> Corfforwyd yr Eglwys pan oedd tân Diwygiad 1904-5 yn cerdded y wlad; ac erys peth o'i wres a'i wreichion yng nghof a chalon rhai o'r aelodau hyd heddiw, a'u gweddi hwy a phawb ohonom am i Breswylydd Mawr y Berth ailennyn y fflam ddwyfol a'n llawenychu â llwyddiant.

Mae ôl J. H. Jones ar y darn a ddyfynnwyd; mae'n debyg i'w arddull unigryw ef yn ei golofn wythnosol fel 'Je Aitsh' yn *Y Brython*. Bu tysteb i'r organydd, Mrs R. O. Williams, ac i'r codwr canu, E. Tomley Evans. Derbyniodd yr organyddes £13-6-6 a'r codwr canu £6-11-0. Bu Cwmni Carolau'r Capel yn codi arian yn niwedd y flwyddyn tuag at y Liverpool Welsh Radium Fund ac ymhlith y rhai a gyfrannodd yr oedd un o ysgolheigion Prifysgol Lerpwl, yr Athro Garmon Jones a'i briod Eluned, merch Syr John Edward Lloyd a'i wraig. Roedd ef yn flaenor yn Parkfield a thrigent yn Park Road West. Cyfrannodd y ddau bum swllt at gyllid y carolwyr.

Daeth y flwyddyn i ben gyda neges y Mab Bychan.

Pennod 5

Gweinidogaeth y Parchedig Isaac Parry

Yn Hydref 1930 y dechreuodd y Parchedig Isaac Parry, gynt o Danygrisiau, Ffestiniog, ar ei waith fel gweinidog yr eglwys. Yr oedd ffyddloniaid oedfaon y Sul ar ben eu digon oblegid cyfrifid ef yn un o gymeriadau lliwgar y pulpud ac yn feistr ar y cyflwyno. Clywir o hyd ei ddywediadau gan rai o Gymry Penbedw. Disgwylid bob blwyddyn i un o weinidogion yr Henaduriaeth roddi mis i fugeilio eglwysi Cymraeg mewn lleoedd megis Middlesbrough, Spennymoor a Sunderland yng ngogledd-ddwyrain Lloegr. Ar ôl iddo ddod yn ôl o'r oruchwyliaeth, dyma Isaac Parry yn datgan iddo glywed am *Alice in Wonderland* ac y byddai sôn yn y man am 'Isaac in Sunderland'.

Meddai Isaac Parry ar ddawn i gymell a chodi calon. Yn fuan ar ôl ei sefydlu aeth rhagddo i ganmol y cyfarfod gweddi fel symbol o obaith yr eglwys. Dyma'i deyrnged:

> Y mae'r cyfarfod hwn yn wir foddion gras, ac nid wyf eto mewn un man wedi mynychu cyfarfod mor fynych dan yr un eneiniad â hwn.

Canmolai'r bobl ieuainc hefyd, fel y gwnaethai pob un o'i rag-flaenwyr. Roedd hyn yn godiad calon am fod Capel Laird Street, fel y nodwyd, yn colli tir pan ddaeth y Parchedig Isaac Parry i'w fugeilio, ac yn niwedd 1930 ceid 306 o aelodau, 40 o wrandawyr, a 88 o blant. Collwyd 18 trwy docynnau, 15 heb docynnau a 2 yn yr angau, sef cyfanswm o 35, tra derbyniwyd 15 trwy docynnau o gapeli eraill a 2 o'r byd, cyfanswm o 17. Yr oedd yr ysgolion Sul yn reit lewyrchus gyda 139 yn ysgol Sul yr oedolion, 82 yn ysgol Sul y plant a 19 o athrawon ac athrawesau. Collwyd un ohonynt drwy farwolaeth yn 1931, sef J. E. Roberts, St Andrews Road, gŵr dwys a gwybodus yn yr ysgrythurau.

O enau'r Parchedig Isaac Parry y clywyd am y tro cyntaf bwysigrwydd siarad yr iaith Gymraeg, iaith addoliad yr eglwys. Siarsiodd rieni i siarad Cymraeg ar yr aelwydydd er budd eu plant. Ei gyngor oedd hyn: 'Gofalwn fod pob plentyn yn Laird Street yn Gymro trwyadl.'

Etholwyd un blaenor yn 1931, sef Hugh Williams, 11 Scots Place. Un o uchafbwyntiau'r flwyddyn hon oedd perfformio Pasiant y Newyddion Da yn Neuadd San Siôr, Lerpwl, am bedair noson o 6 i 9 Mai. Profodd y pasiant yn dra phoblogaidd a bu'n rhaid cael perfformiad ychwanegol ar y prynhawn Sadwrn ar gyfer y cannoedd a oedd wedi methu â chael lle yn y pedwar perfformiad arall. Llwyddwyd i ddenu 350 o actorion o gapeli'r Glannau – ac yn eu plith bobl o Laird Street – i gymryd rhan yn y pasiant a gynhyrchwyd gan y bardd-bregethwr Cynan. Dyma farn y Parchedig J. Hughes Morris, un o staff pencadlys y Genhadaeth Dramor yn Lerpwl am y cynhyrchiad:

> Credwn na welwyd dim godidocach ar lwyfan erioed, ac yr oedd y perfformiad ohono yn wirioneddol wych.

Rhoddwyd cryn bwysigrwydd yng nghyfnod Isaac Parry ar y Gymdeithas Lenyddol gan ei fod ef ei hun yn ddarlithydd campus a'i hiwmor yn cadw'r gynulleidfa yn gwbl ar ddihun. Deuai darlithwyr profiadol eraill, megis y Parchedig Griffith Rees, gweinidog Capel Princes Road, Lerpwl, i ddiddanu ac addysgu. Talwyd iddo gini am ei gyfraniad, tâl anrhydeddus er mai dim ond deunaw swllt a dwy geiniog o gasgliad a gafwyd ar noson y ddarlith. Roedd hynny ychydig geiniogau yn fwy nag a gyfrannwyd gan y gwrandawyr, sef pymtheg swllt saith ceiniog, y noson y bu'r gweinidog, y Parchedig Isaac Parry, yn darlithio. Un o selogion y Gymdeithas Lenyddol oedd W. R. Pritchard, Bidston Avenue. Roedd enw ei gartref, 'Clynnog', yn arwydd clir mai yn Arfon yr oedd ei wreiddiau. Dywedodd y gweinidog ar ddydd ei arwyl:

> Yr oedd yn Gymro i'r carn, a pharod oedd ei gyfraniad at bopeth a dueddai at ddyrchafu pethau gorau ei genedl.

Gwraig dduwiol a gwerthfawr a fu farw'r un flwyddyn â W. R. Pritchard oedd Mrs A. E. Williams, 9 Dingle Road. Dywedodd y Parchedig Isaac Parry am un o blant y Diwygiad:

> Pleser oedd gwrando arni hi yn dweud ei phrofiad, yn moli Duw am ei ofal mawr, ac yn cydio adnodau wrth ei gilydd fel cadwyn euraid.

Yn 1932 cafodd y Gymdeithas Lenyddol sgŵp i berswadio'r glöyn byw a'r chwilotwr digyffelyb Bob Owen i Laird Street i ddarlithio. Yr oedd Bob Owen yn ddarlithydd difyr iawn a thalwyd iddo'r swm o £2-7-6 am ddod o Groesor i draddodi darlith. Colled ariannol oedd y noson ond bendith ddiwylliannol o'r radd flaenaf. Derbyniwyd £1-11-6 gan ei wrandawyr a lanwai'r ysgoldy.

Ni chollwyd yr un aelod trwy farwolaeth yn 1933 ac yr oedd rhif yr aelodaeth yn dal yn ei dir. Ceid 328 o aelodau ar lyfrau'r eglwys. Roedd hi'n haul ar fryn ym mhob ystyr, fel y soniodd y Parchedig Isaac Parry yn ei gyflwyniad i'r anerchiad blynyddol: 'Y mae'r mwyafrif mawr ohonom, er gwaethaf y dirwasgiad, mewn gwaith cyson.' Ni ellid dweud hynny am aml i ardal yng Nghymru y flwyddyn honno.

Bu 1934 yn flwyddyn addurno'r ysgoldy a pheintio'r adeiladau i gyd; daeth yr holl gost i £71. Yr oedd y cwmni drama yn ffyn-honnell incwm i'r capel. Un arall a godai arian at yr achos yn gyson oedd J. H. Jones, Je Aitsh *Y Brython*. Daeth ei ddarlith ef y flwyddyn honno â swm sylweddol o elw, cyfanswm o £5-1-6. Bu cewri eraill hefyd yn darlithio gan gynnwys Caerwyn, yr arweinydd eistedd-fodol o Fôn, a dau o weinidogion yr Eglwys Fethodistaidd, y Parch-edigion D. Gwynfryn Jones a J. Roger Jones.

Bu'r Parchedig Isaac Parry yn wael drwy gydol 1935. Collodd ran helaethaf y flwyddyn trwy afiechyd a derbyniodd lawer o garedig-rwydd o du'r aelodau ac arweinwyr Capel Laird Street. Bu'r carolwyr o amgylch y dref i gyd mewn oerni mawr, a chasglwyd y swm anrhydeddus o £22-3-0. Gan hynny yr oedd gan Gapel Laird Street gronfa ariannol werthfawr i gynorthwyo'r tlodion a'r anghenus. Bu 1935 yn flwyddyn o golli pedwar aelod ym mlodau eu dyddiau. Y tri cyntaf oedd Hugh W. Kerr, Bray Street, un a ddibynnai fel y gŵr 'wrth borth y Deml' yn nyddiau Iesu ar eraill i'w dywys o le i le; Hugh J. Thomas, Kingsley Street, a fu farw yn anterth ei ddyddiau a hynny ychydig ar ôl ei dad; a Dan Hughes, Manor Hill, un a ddioddefodd yn arw yn y Rhyfel Byd Cyntaf a'r creithiau a gafodd ar y Cyfandir yn dal heb ei adael. Gellir cytuno â'i weinidog: 'Aeth y bywyd gwerthfawr hwn yn aberth i dduw rhyfel.' Dyn cymharol ifanc oedd y pedwerydd a gollwyd, sef Hugh Hughes, Alderley Avenue, dyn gwahanol i lawer o'i gyfoeswyr. Dywedodd Isaac Parry hyn amdano:

> Piwritan ydoedd, yn caru'r Beibl a Moddion Gras, ac yn pryderu llawer ynghylch yr 'Achos Mawr'. Tystia pawb a gafodd y fraint o'i glywed yn gweddïo yn Laird Street ei fod mewn *close contact* â Duw.

Yn 1936 rhoddwyd cyfle arall i'r eglwys ddewis rhagor o flaenor-iaid ac etholwyd tad a mab, David Evans, Cynlais, Shrewsbury Road North, a oedd erbyn hyn wedi dychwelyd o Benmon i Ben-bedw, a'i fab, J. Cynlais Evans, 67 Grosvenor Road. Ond cyn diwedd y flwyddyn, parlyswyd yr eglwys ar 5 Rhagfyr gan farwolaeth y blaenor a'r meddyg Dr Arthur Gruffydd William Owen, Gorwyl, Park Road North. Dyma eiriau ei weinidog:

> Dyma un o'r colledion mwyaf a gafodd eglwys Laird Street erioed. Yr oedd y Doctor yn ddarn o fywyd yr eglwys a'r dref ac yn annwyl gan fyd ac eglwys. Chwith meddwl fod 'Gorwyl' gerllaw'r capel wedi peidio â bod. Yr oedd drws cartref Dr a Mrs Owen yn agored led y pen i groesawu pregethwyr a darlithwyr ac ymwelwyr eraill â Laird Street.

Gŵr amryddawn iawn oedd Dr A. G. W. Owen, un a oedd wrth ei fodd yng ngweithgareddau'r ysgol Sul. Dyma gyffes y Parchedig Isaac Parry:

> Dywedodd wrthyf lawer tro mai ei hoff 'foddion' ef oedd yr Ysgol. Yr oedd Doctor yn y nefoedd gyda'i ddosbarth. Cynefin oeddem â chlywed ton o chwerthin iach yn dod o gyfeiriad ei ddosbarth pan eglurai'r meddyg un o'i syniadau newydd neu pan roddai un o'r disgyblion ateb pert iddo.

Yr oedd uwchben ei ddigon gyda'r bregeth:

> Pleser oedd pregethu iddo – yr oedd yn gynulleidfa ynddo'i hun, a'i ddau lygad byw yn ysbrydiaeth i'r pregethwr.

Nid oedd pall ar ei haelioni a bu'n feddyg gwych yn y dref. Ni allaf beidio â dyfynnu darn arall o eiddo'i weinidog gan ei fod yn cynnig darlun byw o'i ymroddiad:

> Edrychai ar ei waith meddygol fel galwedigaeth nefol, a gwisgodd ei hun allan (sic) trwy wasanaethu. Caffai'r tlawd a'r cyfoethog yr un sylw ganddo; ie, gwyddom iddo dreulio llawer noson ar ei hyd yn gweini wrth wely rhai o bobl dlotaf Birkenhead. Y nefoedd yn unig a ŵyr faint y daioni a wnaeth.

Ni ellid disgwyl heddiw y fath ofal gan feddyg teulu. Yr ydym yn ffodus os dônt i'n gweld o gwbl. Eithriadau prin, prin sydd yn nhraddodiad Dr A. G. W. Owen. Rhydd y Parchedig Isaac Parry syniad byw inni:

> Ffarwél, gyfaill annwyl a phur! Hawddach i lawer ohonom fydd marw wrth gofio fod dyn fel Dr Owen yn eich disgwyl yr ochr draw.

Rwy'n hoff o gyfeiriad o'r fath ac yn ei gredu hefyd.

Bu farw dau arall yr un flwyddyn â'r meddyg, Rees Lewis, Gorwyl, un a fu'n ddiwyd yn Laird Street, a Mrs Edward Edwards, Harcourt Road, un o'r ffyddloniaid. Bu ei phriod farw'r flwyddyn ddilynol. Magodd y ddau eu plant i'w dilyn deirgwaith y Sul. Dysgasant hwy i siarad Cymraeg glân, gloyw – camp i bawb ohonom a fentrodd dros Glawdd Offa. Yr oedd llewyrch rhagorol ar y capel gyda 318 o aelodau ar ddiwedd y flwyddyn, a'r plant yn niferus – 70 ohonynt. Ychydig o gapeli Cymraeg heddiw yn unman sydd â mwy o nifer na hyn. Gwyn ei fyd y gweinidog yr adeg honno; roedd hi bron yn nefoedd ar y ddaear arno. Ac yr oedd gan y Parchedig Isaac Parry adnoddau i'w gynnal yn y gwaith – ei ddywediadau bachog, cofiadwy. Y mae rhai o'i ddywediadau yn werth eu hailadrodd:

> Beth yw Tangnefedd? Cynghanedd yng nghalon y Sant ac yng nghanol y Saint. Heb dangnefedd ni cheir eglwys.

Galwai ef yr eglwys yn 'aelwyd gynnes' mewn byd a 'chenedl'. Gallai ymffrostio yn 1937 fod cynulleidfa Laird Street 'fore a hwyr y Sul' yn 'un o'r rhai gorau yn y cylch'. Roedd yr ysgol Sul wedi dioddef rhyw ychydig er fod 79 o oedolion ar y llyfrau, 64 o blant, a 22 o athrawon a swyddogion. Trwy ryw gyd-ddigwyddiad dynion oedd yr holl swyddogion y flwyddyn honno: R. David Pugh, 50 Daffodil

Road (ysgrifennydd ariannol y capel ac arolygwr); W. J. Williams, Beryl Road (is-arolygwr); Aneurin Williams, Grosvenor Road (arolygwr ysgol Sul y plant ac un o is-arweinyddion y canu); Richard Hughes, Curzon Avenue (trysorydd); a William Owen, Shamrock Road (ysgrifennydd). Yr oedd yr organyddes, Miss Myfanwy Hughes, Curzon Avenue, yn barod iawn i gyfeilio yn yr ysgol Sul. Trai a llanw oedd hanes y cyfarfod gweddi a'r seiat. Dyma gri'r gweinidog: 'Weithiau daw tyrfa gref, a thro arall bydd y nifer yn fach iawn.'

Cofier mai 328 oedd nifer yr aelodau ar 31 Rhagfyr 1937 ac 20 o wrandawyr, ac felly yr oedd y mwyafrif yn glustfyddar i alwad y bugail, ond daliai yntau i brocio cydwybod a chydwybod y brodyr yn arbennig:

> Pa le, mewn gwirionedd, y mae'r brodyr? Erfyniaf arnoch i ailgydio yn 1938. Diolch i'r chwiorydd a'r ychydig frodyr a geidw'r lamp yn olau ar yr allor.

Roedd y Gymdeithas Lenyddol yn llewyrchus, a'r bobl ieuainc yn tyrru iddi er cysur i'r cyd-ysgrifenyddion, Miss S. Evans, 30 Ashburton Avenue, a Mr B. M. Maddocks, 49 Bidston Avenue. Roedd ef yn hynod o weithgar yn ymdrin â materion ariannol yr eglwys. Er gwaethaf ei boblogrwydd, penderfynodd y Parchedig Isaac Parry ymadael â Phenbedw yn 1939 a dychwelyd i Gymru ar ôl gweinidogaeth ffyddlon a ffrwythlon.

Pennod 6

Blynyddoedd yr Ail Ryfel Byd

Ni bu'n hawdd canfod olynydd i'r Parchedig Isaac Parry. Yr oedd hi'n ddyddiau'r gyflafan ac yn anodd iawn cynnal y gweithgarwch a fu'n asgwrn cefn y capeli. Gwelwyd llawer o ddioddefaint. Profodd llawer o deuluoedd gyfnodau enbydus, a gwelwyd gweinidogion y cylch yn prinhau trwy ymddeoliadau a marwolaethau. Gadawyd bwlch enfawr yn y dystiolaeth, bwlch a fyddai'n tyfu wrth i'r blynyddoedd fynd rhagddynt. Yn wyneb y bylchu mawr llawenydd oedd dyfodiad y Parchedig Thomas Phillips, BA, BD, yn weinidog Liscard Road, Seacombe, yn 1940. Etholwyd O. Morris Williams, 67 Norman Street, yn flaenor yn Laird Street yn 1940. Y flwyddyn honno 296 oedd rhif yr aelodaeth ynghyd â 56 o blant ac 20 o wrandawyr, cyfanswm o 372.

Ddwy flynedd yn ddiweddarach gwnaed R. H. Jones, 22 Alderley Avenue, yn flaenor. Ond bu farw dau o'r blaenoriaid; un oedd John Evans, Heath Bank, a fu'n flaenor er 1917 ac yn weithiwr diwyd dros y capel. Bu'n athro ysgol Sul am flynyddoedd ac yn un o drysoryddion yr eglwys yn niwedd ei oes. Darllenai'r Beibl yn feunyddiol a myfyriai lawer ar athrawiaethau crefydd. Bu farw hefyd Hugh Williams, gŵr a benodwyd yn flaenor yn 1931. Brawd tawel a diymhongar yw'r disgrifiad ohono gan Thomas Phillips.

Yr oedd 34 o bobl ieuainc Laird Street yn y lluoedd arfog a sonnid am yr eiriolaeth drostynt ar yr aelwyd grefyddol o Sul i Sul. Erbyn 1942 yr oedd gweinidog Seacombe hefyd yn gofalu am Laird Street, ond nid oedd yn gwbl gysurus ynghylch yr esgeuluso ar gyfarfodydd a fu'n hanfodol i'r eglwys ar hyd y canrifoedd. Dyma ddarn sy'n adlewyrchu ei safbwynt:

Bu ein cyfarfodydd ganol wythnos yn 'foddiannau' gwir. Ysywaeth ni chaem ychwaneg i ddyfod iddynt. Y mae esgeuluso'r Deml yn peri colled anadferadwy i'r cymeriad gorau. Ni wawria'r dydd byth pan y gall eglwys Crist fforddio i lacio'r llinell gysylltiol sydd rhyngddi a ffynhonnell ei grym. Nerth yr eglwys yw nerth ei haddolwyr, ei gweddiwyr, a'r Iesu yn y canol.

Ond yr oedd consýrn diamheuol am y bechgyn a'r merched ieuainc a ymunai â'r lluoedd arfog ac a wasanaethai eu gwlad mewn amryfal ffyrdd. Erbyn 1943 yr oedd Robert J. Evans yn garcharor rhyfel. Yr oedd yr aelodau canlynol o Gapel Laird Street wedi ymuno â'r fyddin:

William E. Bailey
Richard Eames
J. Cynlais Evans
D. Herbert Evans
R. Francis Evans
A. Victor Hughes
Arthur I. Jones
William Owen
J. M. Price
R. David Pugh
P. Tudor Richards
Owain Richards
P. Price Roberts
Kenneth Williams
W. R. Williams.

Roedd tri o hogiau'r capel yn y llynges:

> Goronwy Evans
> John R. Evans
> Emrys Roberts.

Yn y llynges fasnachol ceid:

> W. Owen
> Davies Roberts
> Ellis Thomas.

Yn yr awyrlu:

> Ivor G. R. Jones
> Tecwyn Jones
> Cyril Lloyd
> W. R. Maddocks.

Yn yr *ATS*:

> Betty Jones.

Yn y *WAAF*:

> Catherine Jones
> Olwen Roberts.

Yn yr *Auxiliary Nursing*:

> Ceridwen Edwards
> Menna Hughes
> Betty Lloyd
> Nellie Owen.

Yn y *Land Army* ceid:

Ruth Roberts.

Yn ei ragair i'r adroddiad am y flwyddyn 1943 anerchodd y Parch-edig Thomas Phillips hwy fel a ganlyn:

> Cofiwch chwi, feibion a merched, nad aiff un cyfarfod heibio yn Laird Street na chyflwynir chwi gennym i ofal y Tad Nefol . . . Dylai pawb ohonom fod yn teimlo ein cyfrifoldeb i ofalu fod tân da yn llosgi ar yr aelwyd gartref yn Laird Street i groesawu'r plant yn ôl ar ôl y drin, ac i'n galluogi oll i wynebu gofynion cyfnod newydd yn gywir a theilwng.

Ar 23 Mawrth 1943 daeth y newydd o Eryl, Ffordd y Brenin, Pen-y-groes, Dyffryn Nantlle, am farwolaeth un o flaenoriaid Laird Street, John Herbert Jones ('Je Aitsh' fel y'i gelwid), un o gewri bywyd Cymraeg y Glannau yn yr ugeinfed ganrif. Ganwyd ef ar 29 Mai 1860 yn Nhalsarnau, Sir Feirionnydd, yn fab i William ac Elizabeth Jones. Roedd ei dad yn arddwr ym mhlas Cae'r Ffynnon ac yn flaenor ym Methel, capel y Methodistiaid Calfinaidd, ond deuai yn wreiddiol o Faesneuadd, ger Llanaelhaearn. Ychydig iawn o addysg a gafodd y mab, a daeth i Benbedw i ddysgu crefft y cysodydd yn ŵr ifanc ugain oed cyn treulio cyfnod yn swyddfa'r *Herald Cymraeg* yng Nghaernarfon. Dychwelodd i Lannau Mersi yn 1890 i weithio yn swyddfa'r *Cymro* yn Paradise Street, gyda chwmni cyhoeddi Isaac Foulkes (Llyfrbryf). Yr un flwyddyn priododd Elizabeth Parry o Faladeulyn, a ganwyd iddynt dri o blant. Bu'r ferch, Mrs R. R. Roberts, yn hynod o ffyddlon ar hyd y blynydd-oedd.

Bu J. H. Jones yn fawr ei gyfraniad i achosion Methodistaidd Cymraeg Penbedw. Etholwyd ef, J. H. Jones, Rodney Street, yn flaenor yng Nghapel Parkfield yn 1895, ynghyd â Griffith Rees a

fu'n gefnogol iawn i ysgol Sul Brassey Street. Ond bu farw Griffith
Rees ar 19 Ionawr 1899, cyn gweld Capel Laird Street wedi ei
gwblhau. Brodor ydoedd o Gilgerran a ddaethai i Benbedw yn
ugain oed yn 1856. Cyfrifid ef a J. H. Jones yn ddau o leygwyr
mwyaf dysgedig, diwylliedig a diwyd y cylch. Ni ellid meddwl am
yr ystafell genhadol yn Brassey Street heb gyflwyno diolch iddo ef.
Mab iddo oedd Griffith Caradog Rees a fu'n farnwr ac yn Aelod
Seneddol gyda'r Rhyddfrydwyr.

Bu cynnwrf mawr yng Nghapel Parkfield Road yn 1901 ac 1902
oherwydd achos Chatham Street fel y'i gelwid, a gadawodd nifer
fawr o'r aelodau i sefydlu Capel Eglwys Rydd y Cymry. Am na allai
Je Aitsh mewn difrif calon gefnogi Isaac Foulkes ar fater Eglwys
Rydd y Cymry ymddiswyddodd o staff *Y Cymro*. Roedd yn ormod
o Fethodist Calfinaidd i gefnogi capeli split ac enwad newydd.
Gwelodd cyn diwedd ei oes ddiflaniad Eglwys Rydd y Cymry, ond
gwnaethpwyd difrod mawr i'r dystiolaeth grefyddol gyda'r dadlau, yr
anghytuno a'r beirniadu diddiwedd.

Erbyn hyn yr oedd J. H. Jones yn cymryd diddordeb mawr yn yr
ysgol Sul a gynhelid o dan nawdd Capel Parkfield, yn Woodchurch
Road. Ac ar 19 Rhagfyr 1906 agorodd y Presbyteriaid Cymraeg
gapel newydd yn yr heol honno, ac ymunodd dau o flaenoriaid
Parkfield ag ef, gan gynnwys Robert Jones, Ashlands, arolygwr
cyntaf yr ysgol Sul pan y'i cychwynnwyd yn 1895. Etholwyd ef yn
flaenor ar 12 Ionawr 1908, ynghyd â Thomas Davies, Balls Road,
R. E. Hughes, Treflys, ac Evan Thomas, Raffles Road, tad Jennie
Thomas a wnaeth gymaint yn ei dydd â *Llyfr Mawr y Plant*, cyfrol a
roddodd oriau o bleser i lu ohonom.

Byr fu cysylltiad J. H. Jones â Woodchurch Road gan iddo ym-
ddiswyddo yn 1910 a hynny, yn ôl y Parchedig J. Hughes Morris,
'oherwydd anawsterau a deimlai ynglŷn â rhai o athrawiaethau
crefydd'. Ond yn 1906 fe'i penodwyd yn olygydd *Y Brython*,
newyddiadur wythnosol newydd a sefydlwyd y flwyddyn honno gan
Hugh Evans, Bootle. A bu Je Aitsh yn olygydd craff, gwahanol a

gogoneddus i'r wythnosolyn am chwarter canrif, o 1906 hyd 1931 pan benderfynodd ymddeol.

Symudodd cyn y Rhyfel Byd Cyntaf i Gapel Laird Street lle y parhaodd yn weithgar a diwyd hyd nes iddo ddychwelyd i Gymru, i fyw gyda'i ferch a'i gŵr ym Mhen-y-groes, yn 1941. Buasai'n flaenor yn Laird Street er 1926, ac ef oedd yr unig berson ym Mhenbedw i fod yn flaenor yn y tri chapel – Parkfield, Laird Street, a Woodchurch Road. Yr oedd yn ffefryn gyda'r Gymdeithas Lenyddol ac yn ddarlithydd neilltuol. Roedd ei ysgrifau i'r *Brython* yn dra phoblogaidd gan y werin, a hynny oherwydd ei arddull unigryw a'i ddywediadau gwahanol. Ymddangosai'r ysgrifau hyn yn wythnosol, a chyhoeddwyd casgliad o'r goreuon ohonynt gan Wasg y Brython mewn tair cyfrol: *O'r Mwg i'r Mynydd* (1913), *Swp o Rug* (1920), a *Moelystota* (1932). Y mae'r tair yn fy meddiant a chefais lawer o bleser dros y blynyddoedd yn darllen am ei deithiau fel darlithydd i wahanol rannau o Gymru, ei wreiddiau Presbyteraidd, a'i gonsýrn ynghylch achos Iesu Grist ymysg Cymry Glannau Mersi. Ystyriai Je Aitsh ei holl ymdrechion llenyddol a chymdeithasol yn rhan o'i brif gonsýrn fel Cymro o Gristion, sef amddiffyn gwareiddiad a diwylliant y Cymry rhag peryglon Seisnigrwydd trefi fel Lerpwl, Penbedw, Bootle a Wallasey. Soniais eisoes am ei ddwy ferch, ond dylid nodi i'w fab fod yn destun balchder mawr iddo hefyd oherwydd ei allu ysgolheigaidd. Bu Gwilym Peredur Jones yn athro ym Mhrifysgol Sheffield, ac yn ei gyfnod fel myfyriwr ym Mhrifysgol Lerpwl yr oedd yn gyfoeswr i J. Saunders Lewis, un arall o blant y Glannau. Dylwn nodi un peth pwysig arall. Yr oedd J. H. Jones yn un o'r rhai a ymwelai'n gyson â'r claf a'r profedigaethus, a gwyddys i'w fab-yngnghyfraith, Robert Roberts, Manor Hill, etifeddu'r un dwyster am y rhai a oedd yng nghanol unigrwydd afiechyd a stormydd y profedigaethau. Haedda'r gŵr athrylithgar hwn y gofod a roddais iddo fel un a wnaeth gryn lawer i ledaenu achos Iesu Grist ym Mhenbedw.

Yn nechrau 1944 symudodd y Parchedig Thomas Phillips i ofalu am Gapel Salem, Dolgellau, yn Henaduriaeth Gorllewin Meirionnydd. Y flwyddyn honno bu farw dwy o chwiorydd yr eglwys yn Laird Street. Roedd Mrs Elias Jones, Primrose Road, yn un o'r selogion. Bu ei phriod, a'i mab Ivor Jones ar ei ôl ef, yn arweinydd y gân gan ofalu fod y canu o safon gyson uchel. Collwyd hefyd yn yr angau briod David Evans, Egerton Street. Gwraig unplyg ydoedd hithau a Chapel Laird Street yn agos iawn at ei chalon.

Erbyn diwedd 1944 yr oedd yr aelodaeth wedi disgyn i 203. Collwyd 16 o aelodau a dim ond saith o'r newydd a ddaeth i'r gorlan. Amser anodd y rhyfel ydoedd a chofid yn barhaus am y bechgyn a'r merched a oedd oddi cartref yn gwasanaethu yn y lluoedd arfog. Yr oedd casglu at Gronfa Cysuron y Milwyr yn rhan amlwg o fywyd y capel. Nid oedd y ddyled ar y capel wedi ei llwyr ddileu, ac yr oedd Cronfa Crosshall Street yr Henaduriaeth yn barod i roddi benthyg arian i Laird Street ac unrhyw gapel arall ar log isel. Buasai hyn o fudd mawr er pan sefydlwyd y gronfa ar ôl gwerthu Capel Victoria, Crosshall Street, yn y dau ddegau. Ar ddiwedd 1943 a thrwy gydol 1944 yr oedd y ddyled yn Laird Street yn dal yn dri chan punt.

A'r dasg yn awr oedd paratoi ar gyfer diwedd y gyflafan ac ailgynnau'r fflam yng nghapeli'r Glannau. Ceisiodd y Parchedig Aeron Davies, Thingwall, godi calon y trallodus gyda'r geiriau hyn:

Yn sicr nid hawdd yng nghanol y fath annuwioldeb ydyw meithrin y bywyd ysbrydol. Mae galw arnom i fod yn wrol mewn meddwl ac ysbryd ym mhob cylch. Bydded i bawb ohonom gofio tystiolaeth hanes:

'Yn y ddrycin erwinaf – er hynny
Mae'r wroniaeth bennaf.'

Ychwaneg, a hyn yn unig sydd bwysig – 'Mae'r Brenin yn y blaen . . .'. Beth mwy a geisiwn?

Ystyrid Cymanfa'r Bobl Ieuainc dan nawdd Urdd y Bobl Ieuainc yn gam cadarnhaol tuag at feithrin y bywyd ysbrydol.

Rhoddodd eglwysi Rock Ferry a Woodchurch Road alwad i'r Parchedig Aneurin O. Edwards o Langristiolus, Môn, a derbyniodd y Parchedig Aeron Davies, New Brighton, alwad oddi wrth Gapel Parkfield. A'r rhyfel mwyaf dinistriol yn holl hanes y byd wedi gorffen, yr oedd gwir angen gweinidog i ofalu am bulpud Laird Street. Roedd angen bugail i groesawu yn ôl i'r praidd y bechgyn a'r merched a fu yn y gyflafan, a chyflwyno iddynt anrhegion o ddiolchgarwch am yr arbed.

Ar ran Henaduriaeth Lerpwl mynegodd John Hughes, Higher Tranmere, blaenor yn Woodchurch Road, lawenydd o wybod fod Capel Laird Street wedi rhoddi galwad i'r Parchedig R. Meirion Roberts, Bangor, i'w fugeilio. Bwriedid i'r gweinidog newydd ddechrau ar ei waith ym mis Ebrill 1946, ac edrychid ymlaen at gael estyn croeso cynnes iddo ef a'i briod, Mrs Daisy Roberts (née Harper), a'u pedwar plentyn, Enid, Gareth Harker, Mair Angharad ac Eilir Wyn.

Pennod 7

Gweinidogaeth y Parchedig
Robert Meirion Roberts (1946-1952)

Daeth y Parchedig R. Meirion Roberts a'i deulu i fyw i 37A Upton Road, Penbedw, ac yr oedd llawenydd mawr yn Laird Street o gael athronydd a bardd i'w bugeilio. Gŵr o Landrillo, Meirionnydd, ydoedd ac yno y ganwyd ef ar 28 Tachwedd 1906, yn fab i Robert a Catherine Elizabeth Roberts. Bu'n ddisgybl yn Ysgol Sir Llangollen cyn ei dderbyn i Goleg Prifysgol Cymru, Bangor, lle graddiodd gydag anrhydedd yn y dosbarth cyntaf mewn athroniaeth. Meddyliai'r Athro Hywel D. Lewis yn fawr iawn o'i allu fel athronydd. Ordeiniwyd ef yn 1933 a bu'n gweinidogaethu ym Mhenuel, Glynebwy (1933-37), ac yn St David's, Belmont, Amwythig (1937-38), cyn treulio dwy flynedd fel tiwtor mewn athroniaeth a seicoleg yng Ngholeg Harlech (1938-40). Treuliodd flynyddoedd yr Ail Ryfel Byd yn gweithio fel caplan cyn dod i Laird Street yn 1946.

Derbyniodd R. Meirion Roberts saith o bobl ieuainc yr eglwys yn aelodau cyflawn yn ei flwyddyn gyntaf, a hynny, credwch neu beidio, ar Sul y Nadolig 1946, diwrnod eithriadol o symbolaidd yng nghalendr yr eglwys. Cafodd gyfle hefyd i groesawu nifer dda o'r aelodau adref o'r rhyfel a chyflwyno iddynt lyfr emynau a Thestament Newydd Cymraeg a Saesneg ar ran y capel. Roedd nifer ohonynt wedi ailgydio yn y gweithgareddau tra bo eraill yn ddigon claear a difater. Dyma oedd gan y gweinidog newydd i'w ddweud amdanynt:

Buasai yn galondid mawr gweld mwy o'r cyfeillion hyn yn mynychu cyfarfodydd yr eglwys, er bod rhai ohonynt yn gynefin inni fel rhai o'n haelodau ieuainc mwyaf ymroddgar.

Ond rhaid cofio bod y mwyafrif ohonynt wedi gweld y gwledydd 'gwareiddiedig' ar eu gwaethaf, a'u bod wedi'u siomi gan eu gweithredoedd. Nid oes amheuaeth i'r Ail Ryfel Byd fod yn ergyd angheuol i gapeli fel Laird Street ac yn wir i weddill yr Eglwys Gristnogol ym Mhrydain.

Ymatebai'r eglwys i lawer o achosion a chyfrannwyd £17-0-0 tuag at dysteb y diweddar Barchedig David Francis Roberts (1882-1945), gweinidog Capel Tegid a'r Capel Saesneg, y Bala a Llanfor er 1929 pan adawodd Gapel Fitzclarence Street, Everton, Lerpwl. Buasai yn Lerpwl er 1921, ac yno y cyflawnodd brif waith ei fywyd fel isolygydd *Y Geiriadur Beiblaidd* a gyhoeddwyd yn 1926. Y mae'r *Geiriadur Beiblaidd* yn gyfraniad amhrisiadwy i'n dealltwriaeth o'r Beibl. Haedda'r dysteb oherwydd ei drylwyredd, a haedda Capel Laird Street ddiolch am yr haelioni. Yr oedd R. Meirion Roberts fel un o blant Edeirnion yn falch o'i gymuned a'i chyfraniad at dysteb y gweinidog deallus o'r Bala.

Bu 1947 yn flwyddyn drafferthus i'r capel. Bu'r Parchedig R. Meirion Roberts i ffwrdd o Benbedw am chwe wythnos yn nechrau tymor y gaeaf, a chydnabu fod yr adeg hon yn un 'anhwylus iawn i hepgor gwasanaeth y gweinidog'. Ac yna bu Chwefror a Mawrth yn fisoedd anodd oherwydd gerwinder y gaeaf, a'r eira a'r rhew yn llesteirio pobl rhag teithio'n bell ym mhob rhan o Brydain.

Er gwaethaf yr anawsterau, cafwyd sawl datblygiad cadarnhaol yn ystod y flwyddyn. Gwelwyd llewyrch arbennig ar y Gymdeithas Lenyddol, a ffurfiwyd o'r newydd Gymdeithas y Chwiorydd a fyddai'n cyfarfod bob pythefnos. Drwy ymroddiad yr arloeswr David Evans, a drigai bellach yn 4 Manor Hill, trowyd y darn o dir glas ym mlaen y capel yn faes parcio i ryw hanner dwsin o foduron. Gwahoddwyd Miss Doris Roberts, 43 Woodsorrel Road, i fod yn arweinydd y gân a chofiaf yn dda ei chyfraniad clodwiw pan ddeuthum i adnabod Capel Laird Street gyntaf yn niwedd y chwe degau. Bedyddiwyd pedwar o blant yn ystod 1947, ac yn eu plith blentyn y gweinidog a'i briod, Esyllt Harker Roberts. Crynhodd ef bwysigrwydd sacrament y bedydd mewn un frawddeg gofiadwy: 'Hyfryd a glân yw'r sacrament hwn, sacrament newydd-deb corff y Crist.' Sefydlwyd pwyllgor efengyleiddio gyda phump o aelodau i gynllunio ar gyfer y cylch. Gosodwyd y cyfrifoldeb ar ysgwyddau Miss Nesta Hughes, Miss W. Mary Jones, a'r Mri D. T. Gruffydd Evans, R. R. Roberts a Gwyn Williams. Roedd R. R. Roberts yn ddefnyddiol dros ben fel archwiliwr pob cronfa a berthynai i'r capel – ef ac Ifor G. R. Jones. Ac ymhen blwyddyn cafodd R. R. Roberts ei ethol yn flaenor ynghyd â dau arall o'r bobl weithgar, Evan R. Jones, 114 Grosvenor Road, a'r gŵr llengar, J. J. Williams. Ni allod ef ymgymryd â'r swydd gyfrifol hon er siom i bawb yn y capel, ond bu Evan R. Jones ac R. R. Roberts yn hynod o effeithiol fel blaenor-iaid a swyddogion yng Nghapel Laird Street.

Roedd aelodaeth pob un o gapeli'r Glannau yn disgyn; yn wir, yn niwedd 1948, 176 o aelodau oedd gan Gapel Laird Street, colled o bymtheg aelod mewn blwyddyn. Ymaelododd tri o'r newydd, ymadawodd wyth i eglwysi eraill, tri ohonynt heb docyn, a choll-wyd pedwar trwy farwolaeth, gan gynnwys dwy o chwiorydd gweithgar y capel. Bu Mrs O. Morris Williams, Norman Street, a'i phriod yn frwdfrydig eu cefnogaeth. Galwodd y Parchedig R. Meirion Roberts hi yn 'un o eneidiau dethol ein heglwys', gan ychwanegu: 'Ni bu neb yn fwy ymroddgar yng ngwaith yr eglwys na hi.' Dweud go fawr. Y chwaer arall oedd Mrs Emlyn Jones, Egerton, un a berthynai yn ôl y gweinidog i 'wehelyth crefyddol Porth-madog'. Athro ysgol Sul gwerthfawr a baratoai yn fanwl ar gyfer ei ddosbarth oedd R. D. Robinson, 65 Norman Street. Aed ag ef yn ôl i ddaear bro ei febyd yng Nghaernarfon. Trigai Mr R. T. Williams yn Portland Street, a gellid dweud iddo gario'r blynyddoedd a'i gyfrifoldebau yn gwbl ddidrafferth. Saint yr Arglwydd oedd pob un o'r rhain.

Yn 1948 hefyd gwerthwyd y tŷ a gyflwynodd David Evans i'r capel ar ei gychwyniad, sef 4 Laird Street, tŷ a fuasai'n Dŷ Capel hwylus. Fe'i gwerthwyd am £1,060, pris sy'n swnio i ni dros hanner canrif yn ddiweddarach yn fargen fawr.

Bu 1949 yn flwyddyn anodd dros ben i'r gweinidog, a gwynodd fod 'afiechyd wedi fy ysgaru oddi wrth unrhyw berthynas effeithiol â chwi [yr aelodau] dros dalm hir o'r flwyddyn'. Ond croesawyd yn ôl yn ystod y flwyddyn y cyn-weinidog a'i briod, y Parchedig a Mrs Isaac Parry, Alderley Avenue, ar eu hymddeoliad. Bellach, yr oedd dau weinidog ychwanegol yn perthyn i Gapel Laird Street. Y llall oedd y Parchedig R. Emrys Evans, BA, 46 Park Road South, ac ef a ymgymerodd â gwaith amlweddog yr eglwys yn ystod gwaeledd y Parchedig R. Meirion Roberts.

Yn 1950 talodd y gweinidog deyrnged haeddiannol iawn yn ei anerchiad blynyddol i Mr J. J. Williams, Gwynfryn, Ashburton Avenue, a fu farw ar Ŵyl San Steffan:

Chwith a thrist i'r Gymdeithas Lenyddol yw sylweddoli na all mwyach gynnwys enw J. J. Williams yn ei rhaglen, a mawr fu ei dyled iddo gydol y blynyddoedd.

Cynnyrch tref Caernarfon oedd John John Williams (1884-1950), mab i chwarelwr a fu farw pan oedd y mab bychan, unig-anedig yn wyth mlwydd oed. Dau o'i gyfoedion yn Ysgol Ganolradd Caernarfon oedd R. Williams Parry a H. D. Hughes, gweinidog a thad y gwleidydd Cledwyn Hughes. Bu Williams Parry a J. J. Williams yn gyfeillion ar hyd y blynyddoedd, a J. J. a ofynnwyd i fod yn was priodas i'r bardd athrylithgar. Ar ôl ennill cymwysterau a phrofiad yng Ngholeg Normal Bangor, daeth yn 1907 fel cannoedd o Gymry eraill dros y blynyddoedd i ddysgu ar y Glannau, yn Ysgol Elfennol Granby Street, Toxteth, lle arhosodd tan 1915 pan benodwyd ef yn brifathro Ysgol Ganol Cefnfaes, Bethesda. Gwnaeth yr ysgol honno yn fodel i ysgolion gogledd Cymru, a chymerai hyd yn oed Syr

Walford Davies ddiddordeb mawr yng nghôr y plant. Ond roedd Lerpwl yn dal i'w gyfareddu a dechreuodd weithio yn 1917 ar draethawd MA dan oruchwyliaeth ei gyfaill cywir, yr Athro J. Glyn Davies. Dyfarnwyd gradd MA Prifysgol Cymru iddo yn 1923 ar y traethawd *The Political Elements in Welsh Literature, 1788-1840*. Daeth i gryn amlygrwydd fel cynhyrchydd dramâu ac ysgogodd nifer dda o Gymry Môn ac Arfon i ddatblygu eu doniau fel actorion a chynhyrchwyr. Yr oedd o flaen ei oes, ac un o'i gyfeillion cywir oedd Fred Attenborough, Is-ganghellor Prifysgol Caerlŷr, a thaid yr amryddawn Syr Richard Attenborough. Cydnabu Syr Richard iddo fanteisio'n helaeth ar gynghorion J. J. Williams ar ddechrau ei yrfa yn y theatr. Yn 1933 symudodd J. J. Williams, er colled dirfawr i ardal Bethesda, i Benbedw fel arolygydd ysgolion. Maes o law fe'i penodwyd yn ddirprwy gyfarwyddwr addysg ac arhosodd yn y swydd honno hyd ei ymddeoliad yn 1949.

Bu aelodau Capel Laird Street ar eu hennill pan ddaeth ef a'i asbri, ei hiwmor a'i bersonoliaeth gyfareddol i'w plith. Ac yr oedd yntau wrth ei fodd ar y Glannau yng nghwmni Gwilym R. Jones, golygydd *Y Brython*, yr Athro William Garmon Jones, Penbedw, J. H. Jones a chymuned Laird Street. Yr oedd yn ŵr a ddaeth â phersbectif arbennig i Gymry Penbedw, a chyfeirid ato'n aml fel sosialydd Cristnogol Cymreig. Priododd May Evans o Lanystumdwy, athrawes Saesneg yn Ysgol St Helens ar y pryd a gwraig garedig a chefnogol i ni genhadon y Gair. Cawsom groeso mawr yn ei chartref. Bu farw J. J. Williams yng Ngwynfryn, 17 Ashburton Avenue, Claughton, a chladdwyd ef ym mynwent Landican. Gwelai'r Gymdeithas Lenyddol golled ar ei ôl ond diolchwyd bod y Parchedig Isaac Parry ar gael. Fel y dywedodd y gweinidog: 'Y mae ei ddarlith ef yn prysur ddyfod, fel yr arferai un J. J. Williams fod, yn ddigwyddiad blynyddol.'

Bendith arnynt am ddangos gwerthfawrogiad ymarferol fel hyn o wŷr grymus fel J. H. Jones, J. J. Williams ac Isaac Parry.

Ymwelodd dau gwmni drama â Laird Street yn 1951, sef Cwmni

Drama Cymru Fydd a Chwmni Drama Maesgrug, Capel Heathfield Road. Gwerthfawr hefyd oedd cyfraniad gwraig ddawnus arall, Mrs Elizabeth Emrys Evans, yn trefnu a chynhyrchu dwy ddrama gyda'r bobl ieuainc.

Cafwyd cyfle i gynnal cyfarfod croesawu a ffarwelio â'r cenhadon yn Laird Street, a chafwyd anerchiadau hynod o gofiadwy pan weinyddwyd y Cymun Sanctaidd gan y Parchedig J. W. Roberts, Sylet, cynnyrch Capel Cymraeg Chatham Street, Lerpwl. Dymunwyd yn dda i'r Parchedig a Mrs Emrys Evans a'u plant, Gwenllian a Dafydd, ar eu hymadawiad fel teulu â Laird Street, gan fod Capel Westminster Road, Ellesmere Port, wedi estyn galwad i'r Parchedig Emrys Evans fel gweinidog.

Yn 1952 penderfynodd y Parchedig R. Meirion Roberts ddychwelyd i'r fyddin fel caplan, a mynegodd ei gred yn gadarn yn ei anerchiad olaf i aelodau Capel Laird Street. Gallwn elwa heddiw o'i apêl ddirdynnol:

> Nid â rhwymau dynol y cydir y gymdeithas Gristnogol ynghyd, ac nid yn esgeiriau gŵr y mae ei nerth. Meidrol a darfodedig ydyw pob cymdeithas nad yw Crist ei hun yn fywyd iddi. Cymeradwywn ein gilydd, gan hynny, i ras a chariad Crist, a gweddïwn am arweiniad ei Ysbryd. Efallai y trugarha wrthym, ac y tyn ymaith fydolrwydd o'n calonnau a balchder a thraha o'n hysbrydoedd. Hyn yw ein hangen, a hyn a mwy a ddichon ei Ysbryd Ef ynom. Mor fynych y disgynnwn yn is hyd yn oed na'r byd mewn cwrteisi a chariad; mor fynych y dygwn ddulliau trofaus y byd i'n hymwneud ag eglwys yr Arglwydd Iesu. Duw a drugarha wrthym oll.

Diolchodd y swyddogion iddo am ei arweiniad a'i lafur pan ymadawodd â Phenbedw. Gwerthfawrogid yn fawr ei ysbryd llednais a boneddigaidd, ac yn anad dim safon uchel ei bregethu o bulpud Capel Laird Street. Cyflwynwyd iddo dysteb o £10, a hynny yn yr un flwyddyn ag y cyflwynwyd tysteb o £10-7-7 i'r Parchedig Howel Harris Hughes (1873-1956), y gŵr a fu'n weinidog Capel Princes Road, Lerpwl, o 1909 hyd 1927 ac yn gofalu hefyd am eglwys Gymraeg Southport o 1939 hyd 1950. Yr oedd yntau yn bregethwr grymus a fu'n gweinidogaethu ar y Glannau am gyfnod o 29 mlynedd. Dyna sy'n esbonio'r gwahaniaeth rhwng y ddwy dysteb.

Pennod 8

Blynyddoedd Gofidus y Pum Degau (1952-1959)

Ar ôl i'r Parchedig R. Meirion Roberts ymadael yr oedd Capel Laird Street yn ffodus fod y Parchedig Isaac Parry wrth law i lenwi'r bwlch. Meddyliai R. Meirion Roberts y byd ohono, a chyfleodd hynny'n eglur yn ei anerchiad olaf: 'Cefais ddiddanwch a chysur mawr yn ei gwmni . . . a bu ei gyngor a'i brofiad o werth mawr i mi ar fwy nag un achlysur.'

Ergyd arall yn 1952 oedd ymadawiad Mr a Mrs David Evans i Brestatyn, dau a fu'n fawr iawn eu cyfraniad i'r achos. Daeth David Evans i Benbedw o Fôn yn ŵr ifanc, ac yr oedd yn un o arloeswyr adeiladu'r capel a agorwyd yn 1906. Gŵr o feddwl cyflym ydoedd, un haelionus a chywir ac onest ym mhob cylch. Yr oedd gwrando'r Gair yn rhoddi cysur mawr iddo yn ei waith pwysig fel adeiladydd, a mwynhâi gwmni'r cenhadon. Cafodd gweinidogion yr efengyl gartref cysurus ar eu haelwyd. Er ei fod yn ŵr amlwg yng nghylchoedd busnes y dref nid esgeulusodd alwadau'r capel. Dywedwyd amdano mai'r capel fyddai'n cael y flaenoriaeth ar bopeth arall. Gofidiai am ddirywiad yr ysgol Sul, ond roedd yn falch fod nifer o frodyr a chwiorydd ifanc yn dal i'w mynychu gyda Samuel Roberts, Daffodil Road, O. Morris Williams, Miss Gwenllian Evans ac R. R. Roberts yn llywio'r gweithgareddau o Sul i Sul. Cafwyd gwibdaith yr ysgol Sul yn 1952 i Landudno, a thalwyd £13-10-0 am y bws i'w gludo ar y dydd.

Ni bu 1953 heb ei gofid i'r eglwys; y gofid pennaf oedd gweld y cyfarfod gweddi a'r seiat yn fregus ac ychydig o'r aelodau yn eu cefnogi. Gweddill ffyddlon oedd hi o hyd. Gofid arall oedd bod nifer o'r aelodau wedi pellhau yn gyfan gwbl, a'u bod yn amlygu eu difaterwch drwy beidio â chyfrannu at gronfeydd a chasgliadau'r enwad. Gwnaed ymdrech deg gan y swyddogion i gysylltu â phob un ohonynt.

Ymadawodd un o'r swyddogion yn niwedd y flwyddyn, sef Mr J. Cynlais Evans, un a fu'n flaenor o 1936 hyd 1953. Roedd yn fab i Mr a Mrs David Evans, ac yn un o blant y capel. Gwasanaethodd yr achos heb laesu dwylo, ac roedd yn nodedig o ffyddlon i holl gyfarfodydd yr eglwys gan gynnwys y seiat, y cyfarfod gweddi a'r ysgol Sul. Dilynodd yn llwybrau'r teulu a phenderfynodd ef a'i briod symud i Lanfairpwllgwyngyll ar Ynys Môn. Yr oedd eu mab yn dal yn aelod ond roedd i ffwrdd yn y lluoedd arfog yr adeg honno.

Bu newid hefyd yn nhrysoryddiaeth yr eglwys. Ymddiswyddodd Arthur J. Roberts, St Andrews Road, fel trysorydd a chymerwyd y cyfrifoldeb oddi wrtho gan Mr Evan R. Jones. Torrwyd llinyn pwysig pan fu farw Mrs Ruth Roberts, 6 Primrose Road, aelod o'r capel er 1906. Un o Sir Drefaldwyn ydoedd ac ymfalchïai yn ei pherthynas â'r capel o'r blynyddoedd cynnar. Glynodd wrth yr achos hyd ddiwedd ei hoes ac fe'i digonwyd, ys dywed yr ysgrythur, â hir ddyddiau. Bylchwyd yr eglwys gan farwolaeth tri aelod arall, sef R. E. Davies, Violet Road, a weithiai ar y rheilffyrdd, Jonathan Evans, Mona Street, un o ddeiliaid pennaf yr ysgol Sul a'i ysbryd duwiolfrydig yn aeddfedu pob trafodaeth, a John Hughes, Bidston Avenue, gŵr glân ei galon ac un o'r rhai a garai'r greadigaeth fel rhodd gan Dduw. Yn niwedd 1954 roedd gan yr eglwys 130 o aelodau, collwyd 21 a derbyniwyd 7. Sylwer bod 13 wedi ymadael heb docynnau. Cyfrannodd y capel at dysteb y diweddar Barchedig R. J. Powell, Garston, ac at nifer o achosion eraill.

Yn 1955 dathlwyd hanner canmlwyddiant geni'r achos 'yng

nghrud Diwygiad 1905', er mai yn 1906 yr agorwyd y capel. Cyflwynodd yr organyddes, Mrs E. M. Williams, Treflyn, Cavendish Road, ddarluniau cynnar o'r capel i'w cynnwys yn yr arddangosfa. Diddorol yw nodi i'r eglwys dderbyn £178-18-0 tuag at Gronfa'r Dathlu, gyda chyfraniad yr ysgol Sul o £25 ar ben y rhestr. Derbyniwyd llawer o gyfraniadau o Gymru, gan gyn-aelodau a oedd wedi symud o'r Glannau ac yn dal i gofio cyfraniad arbennig y capel. Yr un flwyddyn cymerwyd cam pwysig arall, sef uno gydag Eglwys Woodchurch Road yn un ofalaeth. Penodwyd pwyllgor bugeiliol i weithredu ar ran y ddwy eglwys er ceisio sicrhau gweinidog i'r ofalaeth. Yr oedd pedwar o'r brodyr ieuainc, y Mri Gwilym Owen, Dundonald Street, D. Orville Jones, Norman Road, Wrecsam, John Williams, Bidston Avenue, a John M. Williams, Norman Street, yn dal yn y lluoedd arfog yn 1955. Yr oedd y Parchedig Isaac Parry yn parhau i gadw llygad ar yr etifeddiaeth, a'i briod yn weithgar fel trysorydd Cymdeithas y Chwiorydd. Parhâi'r capel â chonsýrn am y byd, a chofid am gyni eglwysi Ewrop a'r modd y tawelwyd y brotest ar strydoedd Bwdapest yn 1956. Cyfrannwyd y swm o £13-6-6 at yr 'Hungarian Relief Fund'. Bylchwyd yr eglwys ar 25 Medi 1957 gan farwolaeth Mrs Samuel Roberts, 4 Daffodil Road, a thridiau yn ddiweddarach, yn yr un stryd, bu farw Mr John R. Pugh. Gwraig siriol a llawen bob amser oedd Mrs Roberts, yn batrwm o foneddigeiddrwydd, a John R. Pugh yn un a fedrai adrodd hanes dechrau'r achos yn Laird Street. Crefftwr rhagorol ydoedd a fyddai bob amser yn barod i gynorthwyo yng ngwaith y capel. Ymgymerodd â llawer o swyddi dros y blynyddoedd.

Yn 1958 roedd y swyddogion yn pryderu ynghylch yr holl alwadau a oedd ar yr eglwys, yn arbennig y disgwyliad iddi gyfrannu gini yr aelod at Gronfa Cynnal y Weinidogaeth. Gwnaed apêl am i bob aelod ymdrechu i gyfrannu'n fisol, a buasai hynny'n gymorth mawr i Evan R. Jones, y trysorydd, a Mr John M. Williams, 67 Norman Street, yr ysgrifennydd ariannol. Parhau i ddisgyn a wnâi nifer yr aelodau ac aed o dan y cant erbyn diwedd 1958. Ymadawodd 7 heb docynnau ac yr oedd y nifer bellach yn 94. Siaradai'r swyddogion yn hiraethus am ddyddiau tra gwahanol:

> Gresyn fod plant yr eglwys wedi diflannu'n llwyr, a nifer ein pobl ieuainc yn ychydig, ond eto yn ffyddlon ac ewyllysgar gyda gwaith yr Eglwys.

Symudodd y Parchedig a Mrs Isaac Parry o Benbedw i 5 Marine Parade, Hoylake, ac felly nid oedd disgwyl iddo gael yr un cyfle ag a gafodd yn y blynyddoedd y bu'r eglwys heb fugail. Erbyn diwedd 1959 yr oedd yr Henaduriaeth wedi'i had-drefnu, a phenderfynwyd o fis Ionawr 1960 y dylid cysylltu Capel Douglas Road, Lerpwl, â Chapel Laird Street dan fugeiliaeth y Parchedig G. Tudor Owen, BA. Mynegodd y bugail newydd ei gonsýrn cyn cyrraedd, gan ofyn i'w breiddiau gadw mewn cof faint ei blwyf a ymestynnai o Great Crosby yng ngogledd Lerpwl i Speke yn ne Lerpwl, ac ar draws y ddinas ac afon Mersi i Benbedw a Chilgwri, a phentrefi Greasby ac Upton. Fe olygai hyn, 'ynghyd â'r ffaith fod llawer (yn Lerpwl beth bynnag) yn dymuno arnaf alw heibio iddynt fin nos pan fo'r teulu i gyd adref, na fedraf ymweld â'ch cartref yn aml iawn. Â'r llesg a'r claf yn unig y medraf ymweld yn gyson.'

Serch hynny, roedd Laird Street ar drothwy cyfnod brafiach fel y cawn weld yn y bennod nesaf.

Pennod 9

Gweinidogaeth y Parchedig
G. Tudor Owen

Yn 1960 daeth gweinidog ymroddedig newydd i fugeilio praidd Capel Laird Street. Daeth atynt drwy'r twnnel o'r Mans yn Sunbury Road, Anfield, a chafodd dderbyniad gwresog. Teimlai'r Parchedig G. Tudor Owen fod angen calonogi ei gynulleidfa newydd, ac aeth rhagddo i'w hatgoffa mai 'dal ein tir fu ein hanes; ac yn y byd sydd ohoni y mae rhywbeth mewn cael dweud hynny am eglwys Gymraeg ar Lannau Mersi'. Ond fe'u rhybuddiodd y byddai angen mesur da o hyblygrwydd yn wyneb y newidiadau mawr a ragwelai:

> Nid yw'r ffaith fod capel yn cael ei gau yn arwyddo bod yr eglwys sydd wedi arfer ag ymgynnull yno wedi methu fel eglwys. I'r gwrthwyneb, arwydd o fywyd mewn eglwys ydyw parodrwydd i ystwytho, ac i newid ac i dorri tir newydd, lle bo'r amgylchiadau yn galw am hynny. Y mae'r dyddiau yn dod yn rhai y bydd yn rhaid inni, ynghyd â llu mawr o eglwysi eraill, ddangos gradd helaeth o ras, a doethineb a synnwyr cyffredin. Wyneb yn wyneb â'r sefyllfa gyfoes, deisyfwn y doniau hyn.

Yr oedd angen y doniau hyn yn gynt nag y disgwylid, oblegid yn 1962 penderfynwyd uno'r fam eglwys, Capel Parkfield, a'r ferch eglwys, Capel Laird Street, a chreu eglwys newydd o'r enw Salem.

51

1961, felly, oedd blwyddyn olaf Laird Street, ac erbyn ei diwedd roedd yr aelodaeth wedi disgyn i 82 o eneidiau. Bu colledion yn yr angau, gan gynnwys Mrs Alice H. Jones, priod y blaenor Evan R. Jones, un a fu'n ffyddlon i'w chartref, ei chapel a'i Christ. Yr oedd gan William Hughes, Cavendish Street, gysylltiad hirsefydlog â'r achos. Ei fam ef oedd un o'r pedair chwaer a gafodd y fraint o osod un o gerrig sylfaen Capel Laird Street yn 1905. O Fôn yr hanai Richard Williams, Norman Street, darllenwr mynych o lyfrau Cymraeg ac ymgomiwr gwell na'r cyffredin. Colled fawr oedd ymadawiad y blaenor, Arthur J. Roberts, a'i chwaer, Miss M. H. Roberts, o'r cylch i gartref newydd yn Llundain. Bu'r ddau yn ofalus iawn o'r etifeddiaeth, ac yntau'n flaenor er 1936.

Er gwaethaf y newidiadau, bu 1962 yn flwyddyn ddedwydd a diddorol gyda dwy gynulleidfa a dwy eglwys wahanol eu hanes yn dod ynghyd i ffurfio un gymdeithas wedi ei huno yng Nghrist. Cymerodd pulpud, sêt fawr ac organ Capel Parkfield eu lle yng Nghapel Laird Street yn union fel pe baent wedi eu creu ar ei gyfer. Ystyriai'r gweinidog hyn yn wyrth. Dyma'i eiriau:

Ond nid ein cadw ar wahân a wnaethant, ond ein dwyn ynghyd. Onid oedd llaw Duw arnynt? Ac ar Salem o'r cychwyn? Onid ydyw yn arwyddocaol na fu yn ein plith odid ddim siarad yn nhermau Parkfield a Laird Street?

Yr oedd yr uniad wedi atgyfnerthu'r sêt fawr. Dim ond tri blaenor fel y cofiwn oedd yn gweithredu yn Laird Street adeg yr uniad, ond cafwyd saith arall o blith arweinwyr Parkfield, J. Tudor Owen, ei frawd Denis Owen, D. J. Evans, Higher Tranmere, E. O. Williams, Victoria Street, W. J. Charles, G. Esmor Jones a D. Caradog Evans, Prenton. Gwŷr dawnus a defnyddiol oeddynt i gyd. Ac yna, erbyn 1963, yr oedd Capel Rock Ferry wedi ei gau a nifer o'r rhai a arferai addoli yno wedi ymaelodi yn Salem. Yr oedd hi'n olygfa hardd a thalentau newydd wedi dod i'r adwy. Ym myd y gân yr oedd Mrs E. M. Williams ac Alan Jones wedi cael modd i fyw yn nyfodiad dau organydd medrus ym mhersonau Elfed Owen a D. Caradog Evans. Yr oedd Salem yn 1962 ddwywaith yn gryfach nag yr oedd Laird Street. Wedi'r cyfan, yr oedd mwy o aelodau yn Parkfield nag yr oedd yn Laird Street. Cyfanswm Capel Parkfield ar ddiwedd 1961 oedd 104 tra bo 82 yn Laird Street, ac yn nechrau 1962 felly, ceid 186 ar lyfrau'r eglwys. Derbyniwyd 4 o docynnau i greu cyfanswm o 190. Ond yn ystod y flwyddyn ymadawodd 9 i eglwysi eraill, 7 heb docynnau, a bu farw 5. Erbyn diwedd y flwyddyn, felly, ceid 169 o aelodau.

Diddorol yw sylwi ar y cyfraniadau. Byddai'r mwyafrif helaeth o'r aelodau yn rhoi ar gyfartaledd tua £2 yr un i'r Weinidogaeth, tra bo ambell un yn rhoi £3 a pharau priod £5. Trosglwyddodd tri pherson £11 i'r Weinidogaeth ac un blaenor £15, y swm mwyaf gan swyddog, tra cyflwynodd yr haelionus Mrs Myfanwy Wolfenden, Carlaw Road, y swm o £25. Rhaid cofio fod casgliadau eraill fel yr Offrwm Diolch, yr Eisteddleoedd, y Genhadaeth Dramor, a'r Symudiad Ymosodol hefyd yn bodoli. Bylchog at ei gilydd oedd y casgliadau hyn gan fod nifer helaeth o'r aelodau yn eu hanwybyddu. Cymerer Casgliad y Gronfa Gynnal, a fwriedid i atgyfnerthu'r casgliad a anfonid i Gaerdydd fel rhan o'r system Bresbyteraidd. Dim ond 18 aelod a gyfrannodd, neb yn rhoi mwy na 10 swllt, a'r cyfanswm yn dod yn £5-10-0. Yr Offrwm Diolch oedd y casgliad gorau ar ôl y Weinidogaeth. Tra oedd cyfanswm y Weinidogaeth yn £540-8-1, deuai'r Offrwm Diolch yn £111-18-9. Bychan oedd cyfanswm Cymdeithas y Beibl, sef £3-10-16, a dim ond £1-3-0 y flwyddyn a gâi'r Athrofa Unedig yn Aberystwyth, y coleg yr euthum innau iddo i gwblhau fy ngradd mewn diwinyddiaeth. Pe bawn i'n gwybod hynny mi fyddwn wedi dod i bregethu yn Salem. Ond ni chefais wahoddiad gan unrhyw eglwys yn Henaduriaeth Lerpwl tra oeddwn yn y coleg, un o'r ychydig Henaduriaethau i beidio â gwneud hynny. Roedd Henaduriaeth Môn a Fflint yn yr un cwch. Dim ond un a gyfrannodd at yr Achos Dirwestol, mudiad a oedd wedi mynd yn amhoblogaidd yn eglwysi'r dinasoedd mawr, ac R. R. Roberts a'i briod oedd yr unig rai a gofiodd gyfrannu at Gasgliad y Ffoaduriaid. Yr oedd lle i wella, er mai'r argraff a roddid oedd bod y ddau achos, Parkfield a Laird Street, fel ei gilydd yn ddigon llwm eu byd. Yr oedd Cymdeithas Cymry Birkenhead, cymdeithas gref dros y blynyddoedd, yn defnyddio'r adeiladau at ei gweithgarwch cyson ac yn talu swm o £3-13-6 am y fraint. Y gwir plaen ym mlwyddyn yr uniad oedd bod Salem yn methu byw ar gyfraniadau gwirfoddol yr aelodau. Cyfanswm y cyfraniadau at y Weinidogaeth oedd £525-8-1. Derbyniodd Caerdydd, drwy'r Gronfa Gynnal, £385-19-0 a chyflwynwyd i weinidogion a phregethwyr eraill £216-16-6 am wasanaethu'r Suliau pan oedd y gweinidog i ffwrdd, yn gwneud cyfanswm o £602-15-6. Yr oedd Salem yn brin, felly, o dros £77. Ond yr oedd ganddynt gronfa Tŷ'r Gweinidog, sef yr arian a wnaed drwy werthiant 28 Allcot Avenue, a'r cyfanswm yno yn £1,360-7-0. Hyn fyddai diogelwch Salem yn ystod y chwe degau.

Yn 1963 penderfynodd y Parchedig G. Tudor Owen symud yn gyfan gwbl o Lerpwl i Benbedw er mwyn bugeilio Salem a Chapel Woodchurch Road. Paratowyd mans hyfryd ar ei gyfer ef a'i briod, Mrs Beryl Owen, a'r merched, Siân ac Ann.

Yn 1962 daeth hi'n amlwg na fedrai capel y Presbyteriaid yn New Chester Road, Rock Ferry, barhau fel cymuned Gristnogol. Nid oedd dim amdani ond mynd trwy'r broses o ofyn am ganiatâd llysoedd yr enwad i'w werthu. Ar ran y capel gwnaed y rhan fwyaf o'r gwaith gan y blaenor R. T. Davies, Bedford Drive, Rock Ferry, ac o du Henaduriaeth Lerpwl gan y Parchedig Gwynfryn Evans, ysgrifennydd yr Henaduriaeth, a Mr Arthur Thomas, Calderstones, Lerpwl, trysorydd yr Henaduriaeth. Gofynnwyd i gwmni Smith and Sons, Hamilton Square, ymgymryd â gwerthu'r adeilad, cwmni profiadol y bu teulu'r gwleidydd enwog F. E. Smith (Arglwydd

Birkenhead) yn gyfrifol am ei sefydlu yn y bedwaredd ganrif ar bymtheg. Mewn llythyr dyddiedig 22 Awst 1962 y mae'r cwmni'n rhybuddio R. T. Davies a'i gyd-ymddiriedolwyr y gallai gwerthu'r adeilad fod yn anodd:

> *The Church property has a very limited market and it may be difficult to obtain a good offer for these reasons. We recommend that the property is offered for sale by Private Treaty and a price of £2,500 quoted. We consider that any good, firm offer received will require careful consideration.*

Agorwyd y capel yn Rock Ferry ym mis Hydref 1870, flynyddoedd o flaen Capel Laird Street. Chwe blynedd yn ddiweddarach, yn 1876, adeiladwyd ysgoldy bychan yng nghefn y capel a'r holl gost yn dod yn £1,113-19-8. Cofier y swm yma gan y dof yn ôl ato mewn ennyd. Eglwys fechan ydoedd ar y dechrau, gyda 58 o gymunwyr, 10 o blant ac 71 o oedolion. Erbyn 1883, fodd bynnag, yr oedd 105 o aelodau a digon o hyder i alw gweinidog llawn amser i'w gwarchod, sef y Parchedig Owen John Owen, MA, o'r Fachwen, Arfon. Dechreuodd ar ei waith ym mis Ebrill 1884 a bu'n weinidog arnynt am 42 o flynyddoedd. Capel Cymraeg Rock Ferry oedd ei ofalaeth gyntaf a'i unig ofalaeth. Gŵr diddorol oedd Owen J. Owen. Daeth ei MA o'i gyfnod ym Mhrifysgol Caeredin, a bu am gyfnodau yn arolygu eglwysi West Kirby ac Ellesmere Port, ond Rock Ferry a gafodd o'i orau. Yr oedd yn awdur toreithiog a darllenais, er budd, lawer o'i erthyglau ar hanes y Cymry duwiol ar lannau afon Merswy. Disgrifiodd y Parchedig J. Hughes Morris ef fel 'gŵr tawel, llednais, boneddigaidd, diwylliedig ei feddwl, na cheisiodd erioed ymwthio i amlygrwydd'. Priododd un o ferched Cymry Lerpwl, merch y cerddor a'r emynydd Eleazar Roberts, awdur 'O! na bawn fel yr Iesu'. Bu farw ar brynhawn Sul, 6 Rhagfyr

1925, yn 74 oed ac yntau newydd ymddeol o'r eglwys y bu'n arweinydd doeth iddi. Gŵr ifanc a ddaeth yn olynydd iddo, sef y Parchedig Gwyn Evans, BA, o Faesteg ym Morgannwg ond sydd yn adnabyddus i lawer fel gweinidog Capel Charing Cross, Llundain. Dylid cyfeirio at ŵr arall a weithredodd fel curad i O. J. Owen, sef T. J. Williams (Creigfab), mab Richard Williams, Elm Bank, un o'r arloeswyr a disgybl i Eben Fardd yng Nghlynnog Fawr; yr oedd hefyd yn ŵyr ar ochr ei fam i'r doniol a'r duwiol Thomas Hughes, Machynlleth. Derbyniwyd Creigfab fel pregethwr cydnabyddedig yr Henaduriaeth, a bu'n fawr ei gyfraniad i bulpudau capeli Cymraeg Penbedw a'r cylch ac yn arweinydd eisteddfodau'r cyffiniau. Meddai ar arabedd a hiwmor a gallu i gadw cynulleidfa'n ddiddig. Bu'r capeli'n ffodus o'u harweinwyr, yn enwedig William Evans, Elderwood Road, Griffith J. Hughes, New Ferry Road, ac yn gynharach, W. Arnold Thomas, Well Lane, un o feibion y seraff-bregethwr, y Parchedig Ddr Owen Thomas, Princes Road, a thaid y dramodydd a'r gwleidydd, J. Saunders Lewis.

Gŵr a fu'n weinidog craff a chadarn yn y cyfnod cyn yr Ail Ryfel Byd ac yna rhwng 1955 ac 1961 oedd y Parchedig Robert Emrys Evans, BA, mab i weinidog ac un a roddodd ei holl oes i Lannau Mersi. Gan iddo chwarae rhan mor amlwg yn hanes Laird Street, Rock Ferry a Salem haedda sylw helaethach. Ganwyd ef yn 1897 yn fab i'r Parchedig Robert Humphreys Evans a Mrs A. J. Evans, Llanrhaeadr-ym-Mochnant. Oherwydd marwolaeth gynamserol ei dad, symudodd ei fam a'r ddau blentyn i Fachynlleth. Addysgwyd ef yn yr ysgolion cynradd ac uwchradd lleol, ac aeth i weithio fel goruchwyliwr ystad a chanddo gyfrifoldeb arbennig am chwarel Aberllefenni. Ymunodd â'r fyddin yn y Rhyfel Byd Cyntaf a bu yn yr Aifft a Phalestina, lle cafodd ei glwyfo. Daeth o dan ddylanwad y Parchedig David Williams (yr Athro wedi hynny), a phenderfynodd fynd i Aberystwyth i gael hyfforddiant ym mhrifysgol a choleg diwinyddol y dref. Ordeiniwyd ef yn 1925 a bu'n weinidog yn

Rhosesmor, Henaduriaeth y Fflint, ac o 1929 hyd ei farwolaeth yn 1986 ar Lannau Mersi. Derbyniodd alwad yn 1929 yn weinidog ar gapel Cymraeg y Presbyteriaid yn West Kirby, ac ar ôl 1955 yn weinidog Rock Ferry a hefyd Ellesmere Port. Bu'n gaplan yn ystod yr Ail Ryfel Byd.

Ym mis Mehefin 1961 penodwyd ef yn ysgrifennydd cyffredinol y Genhadaeth Dramor gyda'i swyddfa yn Faulkner Street. Cynhaliwyd cyfarfod i'r ofalaeth ar 28 Gorffennaf i ddymuno'n dda iddo yn ei faes newydd. Llywyddwyd gan un o'i flaenoriaid, D. R. Parry, BA, llywydd yr Henaduriaeth. Cyflwynwyd anrhegion iddo ef a'i briod fel arwydd o barch ac edmygedd y ddwy eglwys. Gwerth y rhoddion a drosglwyddwyd oedd £29-6-0.

Bu ganddo ef a'i wraig ddeallus, Mrs Elizabeth Emrys Evans, BA, ddiddordeb brwdfrydig yn y Genhadaeth Dramor o fewn yr eglwysi, yn yr Henaduriaeth a Chyfeisteddfod y Chwiorydd, ac o fewn y Cyfundeb. Ni bu neb yn fwy cenhadol eu diddordeb na hwy, a buont yn hynod o deyrngar i gynnal yr ysbryd cenhadol ymhlith Cymry Glannau Mersi. Meddai R. Emrys Evans ar gof gafaelgar a diddordeb dwfn mewn diwinyddiaeth. Cafodd ef fodd i fyw pan ddaeth Glyn Tudwal Jones yn weinidog i Salem yn y saith degau, oblegid arferai'r ddau drafod y gweithiau diweddaraf i ddod o'r wasg. Meddai ar lyfrgell wych a gynhwysai weithiau diwinyddol ac esboniadau Beiblaidd, a chynnyrch Mudiad Cristnogol y Myfyrwyr yn arbennig. Nid oedd ganddo lawer o amynedd gyda'r 'efengylwyr efengylaidd'. Perthynai i genhedlaeth y trymion yn y Cyfundeb, fel y Parchedig James Humphreys, Rhosllannerchrugog, un o'i gyfeillion pennaf. Ganwyd iddo ef a'i briod fab, Dafydd, a arbenigodd yn y gyfraith, a merch, Gwenllian, a aeth i fyd meddygaeth yng Nghasnewydd. Bu farw R. Emrys Evans ar 12 Mawrth 1986 yn ei gartref ym Mhenbedw. Cymerais ofal ei angladd ar 19 Mawrth yn Salem, Laird Street, ac yna ym mynwent Elim, Llanrhaeadr-ym-Mochnant, Macpela'r teulu.

Ni bu eglwys Rock Ferry yn niferus ei haelodaeth ar hyd y blynyddoedd. Yn 1930, yn ystod cyfnod E. Gwyn Evans, yr oedd ganddi 154 o aelodau a phan adawodd R. Emrys Evans, yr oedd nifer y cymunwyr wedi disgyn i 70. Hynny yw, yr oedd yr eglwys wedi mwy na haneru mewn 30 mlynedd. Ac roedd difaterwch i'w ganfod ymhlith y saith deg o aelodau ar ddechrau'r chwe degau. Dyma eiriau'r swyddogion yn adroddiad yr eglwys ar gyfer 1961:

> Mae cynulliadau yn oedfaon y Sul yn debyg o ran rhif ond lleihau a wna nifer yr aelodau sy'n mynychu cyfarfodydd yr wythnos. Ofnir fod rhai ohonom wedi colli'r awydd i ddod i'r cyfarfodydd ar noson waith. Y rhain yw dolen gydiol ein cydaddoliad rhwng Sul a Sul – dyna rai o'n 'moddion gras' a'n cyfle i feithrin a dyfnhau ein profiadau ysbrydol. Mae'n werth ymdrechu ac aberthu i ddod i'r moddion hyn.

Yr oedd Capel Rock Ferry yn ffodus o'i flaenoriaid. Meddent ar bump o wŷr arbennig iawn. Yr oedd dau o'r pump wedi rhoddi gwasanaeth maith, gan i Robert T. Davies, Bedford Drive, ac Evan Jones, Bebington, gael eu hethol yn 1927, yr un adeg â William Gought, New Ferry Road, a W. O. Williams, Cressington Avenue. Y pedwar arall oedd D. R. Parry, Bebington, Gwilym D. J. Davies, Bromborough, David Jones, Rock Ferry, a T. E. Pryce, Bromborough, yr organydd. Bûm lawer tro yn aros ar ei aelwyd groesawgar ef yn 227 Allport Road. Bob tro y gwelaf y ffordd honno bydd hiraeth mawr amdano ef a'i briod, a'r ferch, Dr Gwenllian Joy Pryce, a gafodd ei phenodi i swydd gyfrifol yn Sir Ddinbych yn Ebrill 1962.

Gwaith pleserus iawn oedd mynd trwy gofrestr eglwysig Capel Rock Ferry o 1940 hyd y diwedd, oblegid gellir dysgu llawer am gefndir ac amgylchiadau aelodau unigol. Yn 1940, er enghraifft, symudodd Mr Hugh R. Jones a'i briod, Mrs Ceinwen Jones, i Woodhey, Bebington, o Gapel Coch, Llanberis, tra daeth Mrs E. Roberts, 85 Browning Avenue, o'r Tabernacl, capel yr Annibynwyr ym Mhenmaen-mawr. O ardal Penny Lane, Lerpwl, y daeth Albert John Parry a Mrs A. J. Parry i Kilburn Avenue, Eastham. Aelodau oeddynt yng Nghapel Heathfield Road, Lerpwl. Perthynai Mrs Jane Parry, Oaklands Drive, Bebington, i Gapel Celyn, Y Bala, yn y cwm a foddwyd gan Gorfforaeth Lerpwl er dirfawr siom i'r rhan fwyaf o Gymry'r Glannau. Hi oedd priod yr athro ysgol, D. R. Parry, a gyfrannodd gymaint i fywydau Cymry'r cylch. Pobl o Lanllyfni yn Arfon oedd Mr R. J. Roberts, Easton Road, New Ferry, a'i briod, Mrs Sephorah Roberts. Gwelir enwau lleoedd fel Llangoed, Llanfair Caereinion, Bagillt, Y Groeslon, Llandderfel, Bwcle, Blaenau Ffestiniog, Horeb, Llangristiolus, Llwyngwril, Abertrinant, Llandinam, Caergybi, Dinbych, Y Bala, Nefyn, Tal-y-sarn, Llanrug, Llandudno, Tregaron, Pwllheli, Tremadog, Niwbwrch, Gwyddelwern, Rhuthun, a Chapel Bangor, sydd yn rhoddi rhyw syniad o'r mudo a geid yn y cyfnod o 1940 hyd 1962 i drefi megis Eastham, Bebington, Bromborough, New Ferry a Rock Ferry.

Ddiwedd 1962 penderfynodd swyddogion Rock Ferry beidio â throsglwyddo'r 71 aelod oedd ar y llyfrau i lyfrau Salem am y flwyddyn 1963. Dyma a ddywedodd D. R. Parry mewn nodyn ar ddiwedd y gofrestr: 'Trosglwyddwyd 38 o aelodau i Salem gan adael allan rai "pobl yr ymylon" a rhai sydd yn byw oddi yma.' Felly, cafodd 33 o aelodau eu hepgor o'r rhestr, ond ychwanegodd D. R. Parry: 'Os daw rhai o'r aelodau a adawyd allan i ymofyn lle yn Salem yna fe ellir rhoddi eu henwau yn rhestr Salem, ac i ymddangos yn Adroddiad Blynyddol Salem am 1963 pan ddaw allan yn 1964.'

Ond wrth edrych yn fanwl ar y rhestr gwelir bod nifer o'r 33 wedi trosglwyddo eu tocynnau i gapeli eraill. Aeth Mrs Margaret G. Bithell, MA, Croft Avenue, Bromborough, i gapel y City Mission, Bromborough, tra aeth Mrs J. Hatten, Bebington, i eglwys St

Andrews. Aeth chwech i Gapel Woodchurch Road, Penbedw, a dau i Noddfa, eglwys y Methodistiaid yn Bebington. Trosglwyddwyd un aelod i Gapel Siloh, Aberystwyth, a dau arall i Gapel Penllwyn ym mhentref Capel Bangor, Ceredigion. Aeth dau i Ellesmere Port, sef Mr Meirion Wynn Roberts a Mrs Margaret Roberts a drigai yn Great Sutton. Trosglwyddwyd tocyn i gapel yn Sheffield, dau docyn i gapel Annibynwyr Saesneg Rock Ferry, a dau arall i gapel Saesneg yn Eastham. Ymadawodd gŵr a gwraig i Fwcle, Sir y Fflint, a bu farw Mrs M. Lewis ar 25 Medi 1962 a'i chladdu ym mynwent Bwlchgwynt yn Nhregaron. Aeth Mr David Humphrey Roberts, MRCVS, ac Elizabeth Roberts, Prenton, i Lundain. Golygai hynny fod 27 o'r 33 wedi derbyn cartref ysbrydol ar wahân i Salem, ac mai dim ond chwe aelod a gollwyd mewn gwirionedd.

Diddorol yw nodi hefyd mai dim ond 11 o fedyddiadau a fu yn y capel mewn cyfnod hir o 38 mlynedd (1924-1962). Bedyddiwyd saith gan R. Emrys Evans, dau gan y Parchedig Aneurin O. Edwards a fu'n weinidog o 1945 hyd 1955, a dau gan weinidogion yr Henaduriaeth, y Parchedig Conningsby Lloyd Williams, Anfield, Lerpwl, a'r Parchedig Gwynfryn Evans, Garston.

Bu'r capel yn ffodus o gael ei werthu fel capel, a hynny i achos y Bedyddwyr Saesneg am £2,250, y swm i gynnwys tâl am y dodrefn symudol hefyd. Gallai R. T. Davies hysbysu Henaduriaeth Lerpwl ar 5 Tachwedd o'r newydd da hwn. Rhoddwyd caniatâd i'r gwerthiant gan Gymdeithasfa'r Gogledd a gyfarfu yng Nghapel Engedi, Caernarfon, ym mis Medi 1962. Roedd y dodrefn yn ôl llythyr T. A. Clague, ysgrifennydd Capel Bedyddwyr Bedford Road, Rock Ferry, yn cynnwys y seddau, y pulpud, tân nwy a charpedi. Aeth yr organ i Gapel Gilead, Penmynydd, Môn, capel bach mewn ardal wledig â llai o aelodau nag oedd yn Rock Ferry. Gwnaed y gwaith cyfreithiol gan Lamb, Goldsmith a Howard, cwmni a oedd wedi gwasanaethu'r Henaduriaeth am gyfnod hir. Yr oedd gan ddau o'r tri chyfreithiwr gysylltiad agos â'r enwad, sef Ieuan Davies Howard, MA, LLB, mab y Parchedig James Henry Howard (1876-1947), awdur, sosialydd a gweinidog Wilmer Road, Penbedw, o 1909 hyd 1915 ac yna Gapel Catherine Street, Lerpwl, o 1927 hyd 1941. Yr oedd yn ŵr amryddawn ac mae ei hunangofiant, *Winding Lanes: a book of impressions and recollections* (1938), yn dra diddorol. Y partner arall a fu'n gyfreithiwr gwerthfawr i'r Henaduriaeth oedd D. T. Gruffydd Evans, LLB, aelod ar hyd ei oes yng Nghapel Laird Street a Salem. Daeth yn amlwg iawn fel gwleidydd yn rhengoedd y Blaid Ryddfrydol, a chafodd ei ddyrchafu yn Arglwydd Gruffydd Evans o Claughton. Yr oedd buddiannau capeli'r Henaduriaeth yn ddiogel iawn yn nwylo Ieuan Davies Howard a D. T. Gruffydd Evans.

Ymdaflodd y blaenoriaid o Gapel Parkfield i'r gwaith o redeg Salem, J. Tudor Owen yn ysgrifennydd, swydd a gyflawnodd mor raenus hyd ddiwedd 2005, cyfnod o 43 o flynyddoedd, a'i frawd, Denis Owen, yn ysgrifennydd y cyhoeddiadau. Daeth blaenoriaid Capel Rock Ferry hefyd i atgyfnerthu'r sêt fawr yn Salem. Croesawyd cyfraniad y Mri R. T. Davies, yr athro dawnus, D. R. Parry, BA, Bebington, gŵr hirben arall, Gwilym D. J. Davies, a'r annwyl Thomas E. Pryce, y ddau o Bromborough.

Diddorol yw darllen anerchiad y Parchedig G. Tudor Owen am y flwyddyn 1964, a'i bwyslais ar bregethu fel prif waith gweinidog. Meddai, 'Y mae'r pulpud yn hawlio amser, llawer o amser; a dyna'n bennaf paham nad ydwyf wrth eich drws chwi sydd yn iach mor aml, efallai, ag y carech i mi fod.'

Rhifai aelodaeth Salem ar ddiwedd 1964 ddau gant o aelodau. Derbyniwyd 4 trwy docynnau, ond ymadawodd yr un nifer a bu farw 6. Roedd yna 40 o blant ar lyfrau'r eglwys, a gwelir enwau 12 ohonynt, Hugh Pryce Evans, Elizabeth Evans, Delyth Rees Jones, Bethan Rees Jones, Gwyn Tudur Owen, Carys Megan Owen, Emlyn Owen, Siân Tudor Owen, Ann Tudor Owen, Gareth ac Emyr Thomas, a Janet Williams yn llenwi'r blychau cenhadol. Roedd cyfanswm Cangen y Chwiorydd at waith y Genhadaeth

Dramor o dan arweiniad Mrs Beryl Owen, y llywydd, Mrs Elfed Owen, yr ysgrifennydd, a Mrs T. E. Pryce, y trysorydd, yn gampus, sef £116-4-6.

Gwnaed y Parchedig G. Tudor Owen yn ysgrifennydd yr Henaduriaeth ar ddechrau ei gyfnod ym Mhenbedw, ac aeth gofalon y swydd â llawer iawn o'i amser, 'cymaint, yn wir,' meddai, 'nes ei fod wedi'm rhwystro rhag ymweld â chwi mor gyson ag y carwn dros y tair blynedd diwethaf.' Ond sylweddolai pob gweinidog yn y Cyfundeb fod yn rhaid i'r eglwysi rannu eu gweinidogion gyda'r Corff ei hun.

Yn 1966 bu farw blaenor hynaf yr eglwys, David Jones, a bu aml i deulu mewn profedigaeth, gan gynnwys teulu'r Parchedig a Mrs R. Emrys Evans, adeg trychineb Aber-fan. Roedd newidiadau mawr ym mhob cylch ac roedd dydd Cymanfa Bregethu'r Hydref yn eglwysi'r Henaduriaeth yn prysur ddod i ben. Roedd gweinidogion yn dechrau prinhau, a gofynnwyd a oedd hawl gan Lerpwl a'r cyffiniau ddisgwyl i ryw bymtheg o weinidogion o Gymru wasanaethu capeli'r Glannau ar Sul cyntaf yr Hydref gan adael eglwysi mewn cylchoedd eraill heb bregethwyr. O edrych ar sefyllfa'r pulpud yn Salem yn 1967 yr oedd hi'n ymddangos yn ddigon da. Roedd y gweinidog yn llenwi'r pulpud am bedwar Sul ar ddeg, a cheid cymorth wyth o weinidogion yng ngofal eglwysi'r Henaduriaeth: E. Watkin Jones, Heathfield Road; W. D. Jones, Edge Lane; W. R. Lloyd Williams, Wallasey; R. Maurice Williams, Waterloo; William Jones, Bootle; Emyr Owen, Eglwys y Drindod; a Cledwyn Griffith, Anfield. Ceid cymorth gan weinidogion a ddilynai alwedigaethau eraill, megis y Parchedigion D. Glanville Rees, D. Hughes Parry a D. Kemes Lewis. Roedd nifer o weinidogion wedi ymddeol y gellid galw arnynt, rhai fel y Parchedig Ddr Wyn Hughes, Caldy, E. Howell Owens, Broadgreen, Yorwerth Davies, Wallasey, R. Meirion Owen ac R. Emrys Evans. Roedd gan yr Henaduriaeth nifer o bregethwyr lleyg cydnabyddedig a chafwyd dau ohonynt yn

Salem, y Mri Owen Evans, Heathfield Road (cyn-aelod), a W. S. Kershaw, Waterloo. Denwyd y ddau a weithiai'n llawn amser i Fwrdd y Genhadaeth Dramor o'r swyddfa yn Faulkner Street, Lerpwl, sef y Parchedigion H. Jones Griffith ac Alun Williams, a llwyddwyd i gael pum cennad o Gymru, dau i'r cyfarfod pregethu ar nos Sadwrn, 28 Hydref, a'r Sul, 29 Hydref, sef y Parchedigion R. H. Williams, Chwilog, un o gewri'r Annibynwyr a T. Arthur Pritchard, Trinity, Llanelli, a'r gweddill J. Ellis Williams, Y Rhyl, J. D. Roberts, Waunfawr, R. L. Williams, Dolau ger Llandrindod, ac un o Loegr, y Parchedig J. D. Jones, Gateshead, pregethwr grymus oedd yn enedigol o Geredigion. Roedd tri arall o bregethwyr cynorthwyol, y Mri Llewelyn Idris Lloyd, Rhuthun, R. Aled Roberts, Y Felinheli, a Peter Roberts, o'r Eglwys Fethodistaidd, ac erbyn hyn y mae ei ferch yntau Miss Megan Roberts yn cadw oedfa ac yn aelod gweithgar o ddiadell Seion. Dim ond un Sul gwag a welir, ac o'r rhestr a nodais, sef 27, dim ond tri sy'n dal ar dir y byw. Gwelwyd newid mawr yn y cenhadon o 1967 hyd 2006, ond y wyrth yw ein bod yn llwyddo mor dda bron i ddeugain mlynedd yn ddiweddarach.

Bu farw ar 2 Hydref 1967 y blaenor da ei air, Mr O. Morris Williams, Norman Street. Roedd ef yn ŵr defnyddiol iawn mewn seiat oblegid ei wybodaeth o'r ysgrythurau. Pregethai yn ei dro yng nghapeli'r cylch. Roedd pedwar o aelodau'r capel yn dilyn cyrsiau mewn gwahanol brifysgolion, Miss Phyllis Jones, y Mri Alun Jones, John Hughes a J. Trefor Williams, ac anfonwyd cofion at Gillian Davies ym Malawi a Mr a Mrs Meirion Roberts yng Nghanada. Derbyniodd Elwyn Owen swydd yn Swyddfa Urdd Gobaith Cymru yn Aberystwyth ac un o blant yr eglwys, Beryl Jones, Temple Road, swydd athrawes ym Mhenbedw, ac ymhen blwyddyn aeth hithau i ddysgu mewn ysgol genhadol yn Zambia. Daliwyd i gynnal cyfarfod pregethu ar benwythnos olaf mis Hydref, a gwahoddwyd yn 1967 un o bregethwyr grymus ei gyfnod, y Parchedig Geraint Thomas, Llundain.

Poenid yr eglwys gan aelodau na roddai ddim cefnogaeth o fath yn y byd, a mynegodd y Parchedig G. Tudor Owen y boen yn glir ac yn gofiadwy iawn:

> Wrth gwrs, y mae yma aelodau diffrwyth yn ein mysg ac ofnaf y bydd yn rhaid i ni dynnu eu henwau oddi ar restr aelodau'r eglwys yn ddiymdroi: ni fedrwn eu fforddio'n hwy, oblegid nid *passengers* mohonynt ond *stowaways*, – y mae *passengers* yn gallu talu am gael eu cludo ond ni dderbynnir dim gan yr aelodau hyn o ddechrau blwyddyn i'w diwedd, a chan fod yn rhaid i eglwys hefyd dalu'i ffordd, nid oes dim i'w wneud ond eu hamddifadu o'u haelodaeth eglwysig.

Derbyniwyd rhoddion o gloc a phulpud bach er cof am O. Morris Williams gan ei feibion. Ymadawodd Dr G. Joy Pryce, merch ddawnus a didwyll Mr a Mrs T. E. Pryce i Hebron, Hen Golwyn. Bu hi'n gaffaeliad mawr i weithgareddau'r efengyl ar arfordir gogledd Cymru hyd ei marwolaeth gynamserol. Cynnyrch bywyd Capel Rock Ferry a chartref gwir Gristnogol oedd Dr Joy, a bu'n hynod o weithgar dros y dystiolaeth Gristnogol. Daeth llawenydd i'r eglwys o weld cyfrol hardd, arloesol Mr Elfed Owen, St Vincent Road, un o Gymry mwyaf diwylliedig y Glannau. Enw'r gyfrol oedd *Gwaith Coed*; hon oedd y gyfrol gyntaf o'i bath yn yr iaith Gymraeg a llanwa fwlch mawr yn hanes ysgolion Cymru. Collwyd pedwar yn yr angau yn 1969, a 153 oedd rhif yr aelodaeth. Ond y rheswm pennaf am y gostyngiad oedd diflaniad 16 heb docynnau, y *stowaways* chwedl y gweinidog.

Y mae'n rhyfedd sylwi na fyddai'r blaenoriaid yn cyfarfod yn rheolaidd i drafod materion eglwysig. Yn 1968 dim ond dau gyfarfod a gafwyd yn ystod y flwyddyn, un ar 5 Chwefror a'r llall ar 24 Mehefin. Yr un stori oedd hi yn 1969 – dau gyfarfod – ond penderfynwyd ar 17 Rhagfyr y dylid ymgynnull yn chwarterol o hynny ymlaen. Cwyn arall oedd bod llawer o'r aelodau'n anghyson trwy'r flwyddyn ac yn gadael y taliadau hyd y funud olaf. Yr oedd y swyddogion, hynny yw y gweinidog a'r blaenoriaid, yn meddwl bron yn gyfan gwbl yn nhermau Salem. Dywedaf hyn ar sail llythyr a ddaeth i law ddiwedd 1969 oddi wrth ysgrifennydd Cyngor Eglwysi Rhyddion (Adran Gymraeg) Penbedw ynglŷn â'r posibilrwydd o gynnal bob chwarter oedfa undebol ar nos Sul rhwng capeli'r cylch, y Bedyddwyr yn Woodlands, Annibynwyr Cymraeg Clifton Street, capel y Presbyteriaid yn Woodchurch Road, Eglwys Fethodistaidd Claughton, a Salem. Penderfynodd cyfarfod y blaenoriaid yn unfrydol y dylid gwrthod yr awgrym a blediai eciwmeniaeth rhwng yr eglwysi Cymraeg. At hynny, bu'r swyddogion yn trafod y posibilrwydd o drefnu oedfaon undebol ar Suliau mis Awst gyda'i chwaer eglwys yn Woodchurch Road. Cofnodwyd penderfyniad y cyfarfod yn llyfr cofnodion Capel Salem fel a ganlyn: 'Gwell fyddai cadw Salem yn agored pob Sul.'

Erbyn 1970 teimlai'r gweinidog y dylai osod gerbron ei aelodau yn Salem flaenoriaeth ei weinidogaeth, sef pregethu'n raenus o'r pulpud. Cofiai ef yn wastadol eiriau un o arweinwyr Cymdeithasfa'r Gogledd, y Parchedig Trefor Evans: 'Tudor, pregethwch chi'n dda ac mi faddeuith pobl lawer i chi.' Mewn geiriau eraill priod waith gweinidog ydyw pregethu, a hynny gyda graen ac eneiniad. Ymhelaethodd yn ddifyr ar hyn:

> Ceisiais wneud hynny, o leiaf, er pan ddeuthum atoch a charwn ddiolch i chwi, sydd yn fy ngwrando mor gwrtais o fis i fis, am eich cefnogaeth dawel; hebddo, buaswn yn pregethu'n llawer salach.

Pwnc arall y cyfeiriai'r Parchedig G. Tudor Owen ato oedd yr hyn a elwir yn 'ecsodus 1970', sef y duedd a welwyd yn yr holl enwadau i'r gweinidogion a feddai ar ddoniau arbennig gredu y gallent wasanaethu'r Deyrnas yn well drwy dderbyn swyddi yn y cyfryngau, mewn ysgolion a cholegau, a swyddi a dalai gyflogau gwell o lawer nag a ddeuai 'i ran gwŷr traed y Cyfundeb'. Roedd y weinidogaeth draddodiadol yn amddifadu pobl o weledigaeth, ac ni fynegodd neb hynny'n well na'r Parchedig Islwyn Ffowc Elis, nofelydd a gafodd ddylanwad mawr ar ei gyd-weinidogion ifanc yn y pum degau a'r chwe degau pan honnodd ei fod yn anaddas i'r swydd. Dyma a ddywedodd y llenor-bregethwr:

> Fe ddaeth yn amlwg imi'n fuan iawn nad oedd gen i dymheredd gweinidog. Roeddwn i'n rhy anghymdeithasol ac roedd yn gas gen i ymweld â thai i fân siarad; gwersi oedd fy mhregethau yn hytrach na pherorasiynau swynfawr (er gofid i'r saint), a gorfod mynychu pwyllgor a chyfarfod dosbarth a chyfarfod misol a sasiwn yn ing.

Gall llawer i weinidog uniaethu â theimladau Islwyn Ffowc Elis ynglŷn ag ymweld ag aelodau, gorchwyl anodd i lawer un ond pwysig iawn i gynnal eglwys weithgar. Dadlennodd y Parchedig G. Tudor Owen gryn lawer ar ei deimladau wrth ei braidd yn Salem, a hynny mewn arddull ddiddorol:

> Weithiau, bydd fy nghyfeillion mwyaf bydol yn ceisio fy mherswadio i gadw fy ngholer ac i geisio fy mywoliaeth mewn swydd lai trafferthus. Lle blin ydyw'r weinidogaeth yn aml. Mewn 'cadair boeth' yr eistedd gweinidog: disgwylir iddo blesio pawb, ond gan fod hynny'n amhosibl, y mae saint misi a phechaduriaid pigog a'i 'hei' arno o hyd. Ond cryfed ydyw'r demtasiwn i wadu'r weinidogaeth ar brydiau, peth hyfryd ydyw cael datgan ar ddechrau blwyddyn arall fod 'mwy o bleser yn ei waith na dim a fedd y ddaear faith'. Dioddef y goler fydd raid, rwy'n ofni, ond os daw bendith i

rai ohonoch drwy fy ngweinidogaeth, ac os derbynia Dduw, yntau, ogoniant drwyddi, ni chwynaf ddim.

Ar 3 Mai 1970 derbyniwyd tri o blant yn gyflawn aelodau o'r eglwys, sef Delyth Rees Jones, Gareth Thomas a Gwyn Tudor Owen. Yr oedd yn amlwg i'r gweinidog gael modd i fyw wrth baratoi'r tri hyn, a gwyddom erbyn hyn am eu cyfraniad i'r gymdeithas ac i'r Deyrnas.

Nid oedd y gweinidog yn teimlo iddo gael llawer o fudd o ymweliad Henaduriaeth Lerpwl â Salem ym mis Hydref:

> I mi, 'non-event' (a dyma fy mhen yn rhowlio!) y flwyddyn oedd yr ymweliad hwn. Parodd yr holl fusnes fwy o boen a thrafferth na'i werth, ac y mae'n hyfryd meddwl y bydd yn rhaid disgwyl am saith mlynedd cyn y daw'r Henaduriaeth i Salem eto. Y mae unwaith bob saith mlynedd yn ddigon aml i gymaint o fwyd ac amser gael eu gwastraffu.

Ni welais ddim byd mwy cignoeth am un o lysoedd y Cyfundeb, a syn meddwl fy mod wedi treulio 34 o flynyddoedd fel ysgrifennydd yr Henaduriaeth oherwydd teyrngarwch ac ymlyniad diwyro. Ond mae'n sicr fod beirniadaeth ddi-flewyn-ar-dafod y Parchedig G. Tudor Owen yn un y gallaf uniaethu â hi – bydd pob un ohonom yn alaru ar brydiau ar waith sydd yn aml yn ddigon diddiolch. Ond y gwir amdani yw bod yn rhaid i rywrai gynnal peiriant a strwythur enwad. Treulia pob gweinidog oriau lawer mewn pwyllgorau. Dywedodd un gweinidog o enwad parchus yn yr Alban ei fod yn treulio'i amser ar y pwyllgorau hyn yn ceisio meddwl *what to say when the fool who was talking would belt up*.

Newidiodd y gweinidog dipyn ar y drefn yn Salem yn 1970 drwy drefnu cyfarfod eglwysig ar Sul cyntaf mis Mawrth i drafod pob agwedd ar fywyd yr eglwys. Bu'r cyfarfod yn llwyddiant, gan i'r aelodau wrando ar yr apêl a chyfrannu'n fwy rheolaidd o Sul i Sul. Penderfynwyd hefyd roddi codiad o £100 yng nghydnabyddiaeth y gweinidog.

Bu colled fawr ar 31 Hydref ym marwolaeth y blaenor R. T. Davies, Rock Ferry. Dyma'r deyrnged iddo gan ei weinidog:

> Y fath golled oedd ei golli ef! Rhyfeddodau prin ydyw dynion fel R.T. ac y mae'r byd a'r betws yn dlotach o'u colli. Ni welwn ei debyg ymhlith Cymry'r dref hon eto, a phwy sydd a leinw'i gadair ef yn sêt fawr Salem? Gwisgodd amdano'r Arglwydd Iesu Grist, ac wrth fyw a marw gogoneddodd Ef. Beth yn fwy y medraf ei ddweud amdano?

Gwir y dywedodd. Ar ôl colledion o wyth trwy farwolaeth, 146 o aelodau oedd gan Salem ar ddiwedd y flwyddyn. Yna, ar 2 Ionawr 1971, bu farw Mr E. R. Jones, Grosvenor Road, gŵr bonheddig a blaenor gwerth ei gael mewn unrhyw eglwys. Roedd yn drysorydd medrus, a gweithiodd yn ddiwyd i warchod yr adeiladau. Nid anghofiwn ei groeso i'r cysegr, a chymerai ran yn gyhoeddus yn gyson. Gwir y dywedodd y gweinidog yn ei deyrnged: 'Ar ei ôl gadawodd y gŵr glandeg a hynaws hwn fwlch na lenwir mohono.' Ysgwyddwyd cyfrifoldeb y drysoryddiaeth gan Mr Gwilym Davies, Bromborough, a oedd y pryd hwnnw yn bennaeth ar un o adrannau pwysicaf Corfforaeth Dinas Lerpwl.

Daeth cais eto o Gyngor Eglwysi Cymraeg Penbedw i gynnal gwasanaethau undebol ar Sul y Pasg a Suliau mis Awst. Trafodwyd y cais gan y blaenoriaid a'r gweinidog, ac roeddynt yn barod i ystyried gwasanaethau unedig ym mis Awst pe cynhelid hwy yng Nghapel Salem, gan 'mai Salem yw'r eglwys gryfaf' ym Mhenbedw 'a'n bod yn amharod i gau drysau'r eglwys ar unrhyw Sul'. Nid oeddynt yn barod i ystyried Sul y Pasg yn Sul undebol.

Yn 1972 penodwyd Mr J. Tudor Owen yn drysorydd yr Henaduriaeth a minnau yn ysgrifennydd, ac am 34 o flynyddoedd y mae'r ddau ohonom wedi cydweithio'n dda ac wedi cael llawer o hyfrydwch yng nghwmni ein gilydd. Y mae arnom ni, Bresbyteriaid Cymraeg y Glannau, ddyled enfawr iddo am ei barodrwydd i ysgwyddo cymaint o gyfrifoldeb a chyflawni'r cyfan mor ddidrafferth. Doniwyd ef â llu o rinweddau a gwybodaeth fanwl o fyd cyllid. Penderfynodd dau o'r rhai gweithgar adael Penbedw am Gymru yn 1972. Yr oedd colled fawr ar ôl Mr a Mrs Elfed Owen, a bwlch enfawr yng nghylchoedd Cymraeg y Glannau.

Ar 1 Ebrill 1972 daeth gofalaeth newydd i fodolaeth, sef Salem, Woodchurch Road, Rake Lane, Wallasey a West Kirby. Pwysodd blaenoriaid Salem ar swyddogion West Kirby i gynnal un oedfa, a honno ar brynhawn Sul. Byddai hynny'n hwyluso'r sefyllfa i'r gweinidog a'r pregethwyr eraill a ddeuai i lenwi'r pulpud. Yr oedd yn awgrym da a gweithiodd y drefn er lles yr eglwys leol a thystiol-aeth yr efengyl.

Rhoddwyd sustem wresogi yn y Mans yn Palm Grove yn nechrau 1973 ar gost o £700, a mynegwyd llawenydd hefyd o gael organydd ychwanegol i gynorthwyo am bedwar mis – Ionawr, Mawrth, Mehefin a Hydref. Y gŵr ifanc a gymerodd y gwaith oedd Alwyn Humphreys, darlithydd yng Ngholeg Mabel Fletcher, Lerpwl. Gŵr o Fôn ydyw a cherddor gwych. Daeth i amlygrwydd cenedlaethol fel cyflwynydd yn y cyfryngau ac arweinydd Côr Meibion Orffews Treforys am chwarter canrif. Bu Salem yn ffodus o'i gyfraniad. Codwyd cydnabyddiaeth treuliau'r gweinidog o £550 i £800, ychwanegiad o £250, a hynny o 1 Ebrill 1974. Yr oedd Capel Woodchurch Road bellach wedi uno yn Salem a chafwyd cwmni blaenoriaid eraill i gryfhau'r dystiolaeth. Ymgymerodd Mr Ernest Williams â'r gwaith o fod yn ysgrifennydd cyfarfod y blaenoriaid, ond nid oedd y gwaith hwnnw'n drwm gan mai ddwywaith yn unig y cyfarfu'r blaenoriaid yn 1974, ar 6 Ionawr a 31 Mawrth. Yn Eglwys Heathfield Road, Lerpwl, byddem yn cyfarfod un ar ddeg o weithiau! Cryn wahaniaeth i bawb. Flwyddyn yn ddiweddarach bu farw Ernest Williams, a daeth y cyfrifoldeb yn ôl ar ysgwyddau'r ffyddlon J. Tudor Owen. Dyma'r flwyddyn y penderfynodd y Gweinidog adael y Glannau am Ganolbarth Lloegr ac ymsefydlu yng ngofalaeth y Presbyteriaid yn Birmingham a'r cyffiniau. Trefn-wyd cyfarfod ymadael iddo a thysteb, a siaradodd E. O. Williams a D. R. Parry gydag arddeliad yn y cyfarfod sefydlu yng Nghapel Bethel, Birmingham.

Yr oedd yn chwithdod mawr i Lannau Mersi golli gwasanaeth y Parchedig G. Tudor Owen. Cyflawnodd ei weinidogaeth gydag urddas, a meddai ar allu i fynegi ei hun yn glir ac yn gryno. Cafodd gymorth mawr gan ei briod, Mrs Beryl Owen, a chawsant hwy a'u plant eu hanwylo gan yr ofalaeth.

Gwahoddwyd y Parchedig R. Emrys Evans i ofalu am yr eglwys yn Salem yn dilyn ymadawiad y bugail. Flwyddyn yn ddiwedd-arach, mynegwyd yn llyfr cofnodion cyfarfod y blaenoriaid werth-fawrogiad didwyll o'i waith yntau yn gwarchod y ddiadell mewn cyfnod anodd yn ei hanes.

Pennod 10

Cyfnod y Parchedig
Glyn Tudwal Jones

Bu Eglwys Salem a'r ofalaeth yn hynod o ffodus yn 1976 i ddenu gweinidog ifanc, hynaws a oedd wedi ei drwytho mewn diwinyddiaeth, i fugeilio Cymry Penbedw a Chilgwri. Yr oedd hi'n gryn newid iddo ef a'i briod, Delyth, adael pentref bach gwledig y Groes ger Dinbych am ddinas boblog fel Penbedw. Ond buan iawn y gwnaeth y gweinidog a'i briod a'r ferch, Menna, le cynnes ymhlith ffyddloniaid Salem.

Yr oedd y flwyddyn honno yn un gofiadwy i'r eglwys am resymau eraill hefyd. Roedd tri o'i phobl ieuainc yn dilyn cyrsiau yn y gyfraith, Bethan Rees Jones ar ei thrydedd flwyddyn ym Mhrifysgol Manceinion, Gareth Thomas, a ddaeth yn ddiweddarach yn Aelod Seneddol Llafur yn etholaeth Gorllewin Clwyd rhwng 1997 a 2005 wedi cwblhau ei gwrs ym Mhrifysgol Cymru, Aberystwyth, a Hugh Derfel Evans, mab Dr a Mrs W. Pryce Evans, Bromborough, ar ei ail flwyddyn yn yr un brifysgol. Cynhaliwyd Cymdeithasfa'r Gogledd yn Salem ym mis Mai, a gwn o brofiad am y cydweithio rhagorol a gafwyd o du'r chwiorydd a swyddogion y capel. Llwyddwyd i letya'r mwyafrif yn weddol agos i Salem, er y bu'n rhaid i rai ohonynt ddod atom ni yn ninas Lerpwl. Daeth y gweinidog newydd i Benbedw ym mis Hydref 1976 a chynhaliwyd y cyfarfod croeso ar nos Wener, 12 Tachwedd; rhoddwyd y cyfrifoldeb am ei groesawu i'r blaenor, R. R. Roberts, a gwahoddwyd Trefor Jones i roddi diolch am fugeiliaeth y Parchedig R. Emrys Evans. Ni ellid hepgor D. R. Parry, a gofynnwyd iddo yntau ddweud gair ar yr achlysur llawen hwn.

Collodd Salem chwech o aelodau yn 1976. Ni chafodd y gweinidog newydd gyfle i adnabod pedwar ohonynt, a gofalwyd am y cyfan gan y teyrngar Barchedig R. Emrys Evans. Gwraig a gymerai ddiddordeb yn y Cyfundeb cyfan oedd Miss Leah Wynne, 55 Aspinall Street, a gadawodd arian yn ei hewyllys i hybu'r achos. Dywedodd y Parchedig R. Emrys amdani: 'Yr oedd yn chwaer ddiwylliedig, byw ei meddwl, duwiolfrydig ei hysbryd a chadarn ei ffydd. Darllenai'r *Goleuad* yn fanwl a chyson a phrin y ceid un yn ein plith oedd yn fwy hyddysg yn hanes a symudiadau'r Cyfundeb na hi.' Bu Mrs Robert Davies, Bebington, yn aelod mewn pedair eglwys, Parkfield, Rock Ferry, Woodchurch Road a Salem, sy'n dweud yn dda amdani. Cadwodd Mrs Jane Lloyd Jones, Clifford Street, yn ffyddlon hyd nes iddi orfod ildio i gartref hen bobl, a llawenychai Miss Blodwen Williams oblegid ei pherthynas o'i phlentyndod â Laird Street a Salem. Ond i mi, y portread sy'n cydio yw'r un o Mrs Owen Hughes, Woodchurch Road, a fu farw ar 23 Rhagfyr 1976. Ysgrifennodd y blaenor, Gwilym Williams, yn hynod o ddiddorol am ei chefndir. Daeth i fyw i Heswall o Ynys Môn yn gynnar yn yr ugeinfed ganrif. Yn y cyfnod hwnnw byddai hi a'i phriod yn cerdded o bentref Heswall i'r capel Cymraeg yn West Kirby er mwyn addoli yn eu mamiaith. Penderfynodd ddathlu ei phen-blwydd yn 80 mlwydd oed drwy fynd ar bererindod i wlad yr Iesu, ac wedi iddi ddychwelyd cyflwynodd yr hanes yn flasus mewn seiat yn Salem. Yr oedd gweld y mannau y bu Iesu'n troedio arnynt yn nyddiau ei gnawd yn wefreiddiol iddi a chadarnhawyd ei ffydd wrth deithio i Fethlehem, a chroesi Llyn Galilea mewn cwch, a cherdded y Via Dolorosa o dan haul poeth y Dwyrain Canol gan ryfeddu ei fod Ef wedi cario croes ar hyd-ddi. Cafodd oes hir ar y Glannau a gwelodd newidiadau mawr.

Yn 1977 gwasanaethodd y gweinidog mewn wyth arwyl, tair

ohonynt yn wragedd a ddeuai'n wreiddiol o gefn gwlad Cymru. Mudasant i'r Glannau i chwilio byd gwell na byd cyfyng eu magwraeth. Gwraig o Lŷn oedd Mary Rogerson, Prenton, a ddaeth i weini i Benbedw. Cefnogodd Gapel Parkfield ac yna daeth i Salem. O Ddolgellau y deuai Mrs Gwen Singleton, Mount Road, a bu'n ffyddlon iawn i Laird Street a Salem. Un o Sir Drefaldwyn oedd Mrs Mary Owens, Palm Grove, cyn-aelod yn Parkfield a wnaeth gyfraniad pwysig i Salem. Athro ysgol oedd J. H. Pritchard, Ashburton Avenue. Meddyliwr gwahanol i'r arfer oedd Owen Williams, Parkgate, a ddaeth i Salem o Gapel Woodchurch Road. Felly hefyd Trefor E. Jones, siopwr a brawd i fam y nofelydd Marion Eames a anfarwolodd Gymry Penbedw yn ei nofel, *I Hela Cnau*. Yr oedd ef yn ŵr arbennig iawn, ac rydym yn ddiolchgar iddo am ei garedigrwydd dros y blynyddoedd yn gofalu am Gapel Woodchurch Road. Talodd ei weinidog deyrnged haeddiannol iddo:

> Dyma gymeriad gwreiddiol a hoffus iawn, a Christion gloyw. Roedd yn barod ei gymwynas i bawb, ond ni fyddai'n hoffi i neb sôn am ei garedigrwydd. Meddai ar gariad mawr tuag at waith y Deyrnas, a chyflawnodd oes o wasanaeth yn Eglwys Woodchurch Road. Cofiai lawer o'r geiriau a glywodd o bulpud a Seiat, a medrai chwerthin yn iach bob amser. Aeth o'i waith i'w wobr, ac er iddo ddioddef triniaeth erchyll ar ddiwedd ei oes, daliodd ei ysbryd yn dda a'i ffydd yn gadarn. 'Dyn i Dduw nid i ni yr wyt.' Cydymdeimlwn â'i chwaer a'r tair nith a fu mor ofalus ohono.

Ar nos Sul, 6 Mawrth 1977 etholwyd tri blaenor, sef Walter Rees Jones, T. M. Jones a William Thomas, a chafwyd y gwasanaeth ordeinio ym mis Medi. Yr oedd Walter Rees Jones, tad Delyth Rees Jones, yn gynnyrch Capel Parkfield tra deuai T. M. Jones, fferyllydd o ran galwedigaeth, o gymuned Gymraeg Ashton-in-Makerfield. Bu brawd iddo, Arthur Jones, yn organydd ac yn flaenor yng Nghapel Carmel, Ashton-in-Makerfield am flynyddoedd. Un o Drefor, Arfon, oedd William Thomas, Hesketh Avenue, tad Gareth Thomas y cyfeiriwyd ato eisoes yn y bennod hon.

Cafwyd ymateb rhagorol i Apêl Karjat, a chasglwyd y swm o £162 ymhlith aelodau Salem a oedd yn rhifo 156 ar ddiwedd y flwyddyn. Casglwyd cyfran o'r swm mewn noson gymdeithasol ar 17 Tachwedd, a theimlad pawb a ddaeth yno oedd ei bod hi'n werth trefnu digwyddiad o'r fath er mwyn grymuso'r ysbryd cymdogol. Yn ystod blwyddyn gyntaf gweinidogaeth Glyn Tudwal Jones cyflwynodd dau flaenor, un o Salem, T. E. Pryce, ac un o Rake Lane, G. Roose Williams, ryngddynt set cymun unigol er cryfhau bugeiliaeth y gweinidog ar gyfer yr ofalaeth.

Roedd bywyd newydd yn Salem, a'r gweinidog yn llawn hyder er gwaethaf y colledion a geid o flwyddyn i flwyddyn. Bu farw Miss Olwen Owen, Haldane Avenue, yn ysbyty cyffredinol y dref ar 19 Ionawr ar ôl dioddef gan afiechyd. Yn anffodus, wythnos ar ôl ei hangladd bu farw brawd iddi yng Nghaernarfon. Ar 26 Ebrill bu farw Mr John Owen, Bebington, cymwynaswr caredig a ddaeth i'r Glannau i weithio ar y rheilffyrdd. Yn fuan wedyn, ar 3 Mai, bu farw Miss Dorothy Owen, Norman Street, gwraig a ddaeth o Gorris i fagu ei dau nai, Elwyn a John, ar ôl marwolaeth ei chwaer.

Bu farw Miss Enid Owen, Caerns Road, un o'n haelodau ffydd-lonaf, ar 2 Awst 1978. Athrawes garedig a gofalus ydoedd a gadawodd £100 yn ei hewyllys i'r Genhadaeth Dramor a £100 i Gymorth Cristnogol. Dywed hynny gyfrolau amdani. Ac ar 20 Awst bu farw Mrs Margaret Williams, cyn-aelod yn Parkfield a Woodchurch Road. Fe'i cyfrifid yn un o gynhyrchion gorau diwylliant cefn gwlad Cymru.

Ond bu dathlu hefyd y mis hwnnw pan enillodd y Parchedig Glyn Tudwal Jones, yn Eisteddfod Genedlaethol Caerdydd, y gystadleuaeth am lyfr yn dwyn y teitl, *Cyfarwyddyd i'r Cristion Ifanc:*

Cymorth cyn Cymuno. Cyhoeddwyd y gwaith gan Wasg y Cyfundeb a bu'n hynod o fuddiol i gymunwyr ieuainc ac i'r eglwys. Roedd hi'n llwm iawn cyn cael y gyfrol hon a chyflawnodd gweinidog Gofalaeth Dosbarth Birkenhead, fel y'i gelwid, gryn gamp sy'n haeddu ein cymeradwyaeth.

Gellir cyfrif 1979 yn flwyddyn gymeradwy dros ben yn hanes Salem. Croesawodd y capel Rali Genhadol Chwiorydd Henaduriaeth Lerpwl ym mis Ebrill a Gŵyl yr Ysgol Sul ym mis Mehefin. Yr oedd hi'n chwyldroadol o eciwmenaidd gwahodd offeiriad a phlwyfolion yr Eglwys Babyddol ar draws y ffordd i ymuno mewn gwasanaeth undebol yn Salem ar drothwy'r Pasg. Trefnodd y gweinidog yn helaeth – cyngerdd, nosweithiau o ffilmiau, cyfle i ail-gychwyn Cymdeithas y Chwiorydd a Pharti Nadolig y Plant.

Derbyniwyd pump o aelodau o gapel y Presbyteriaid Cymraeg yn Anfield Road, Lerpwl, eglwys a gafodd ei datgorffori yn anffodus, yn groes i bolisi'r Henaduriaeth o uno eglwysi, ym mis Mawrth 1979. Drwy hynny, cafodd Salem gynhaeaf da ym mhersonau Mr J. H. Thomas a Mrs Gwladys Thomas, Mr Hugh Roberts (brawd y Parchedig J. Wyn Roberts, Cricieth), ei briod a'u mab, Bryan. Pan ymddeolodd Mr Tom Pryce fel organydd, cytunodd Jack Thomas i'w olynu, ac mae yntau wedi cyfrannu'n helaeth i'r achos er 1979. Cyflawnodd Walter Rees Jones ddyletswyddau ysgrifennydd y cyhoeddiadau yn raenus – gŵr dawnus, parod ei gymwynas ydoedd. Er na fu iddo fyw o gwbl yng Nghymru, ysgrifennai Gymraeg cywir a bu'n ohebydd i'r *Angor* ar ôl William Thomas. Cyn ef, gwnaeth y gwaith am ddeng mlynedd i'r *Bont* gan J. Trefor Williams, cynnyrch Capel Edge Lane, ac un sy'n ysgrifennu'n gyson lythyrau i'r wasg ddyddiol.

Yn 1979 ganwyd mab yn y Mans, brawd i Menna Tudwal Jones. Bedyddiwyd Alun Tudwal Jones ar 4 Tachwedd gan y Parchedig R. Emrys Evans. Derbyniwyd tri aelod ifanc o had yr eglwys, sef Susan Griffiths, Anna Walters a Colin Davies, trwy ddosbarth y cymunwyr ifanc. Roedd ysgol Sul y plant yn bodoli a chlywid Menna, Gwenan a'i brawd Emlyn, yn adrodd eu hadnodau ar fore Sul.

Bu 1979 yn flwyddyn golledus hefyd, oblegid bu farw dau o'r arweinwyr, sef D. R. Parry, Pensby (gynt o Bebington), ac R. T. Jones, North Road. Brodor o Gapel Celyn oedd D. R. Parry ond treuliodd 50 mlynedd yn ardal Cilgwri. Gwnaed ef yn flaenor yn 1935 yn Rock Ferry, a bu'n athro o ddylanwad ym myd addysg grefyddol. Rhaid dweud amdano ei fod yn amryddawn a diwyll-iedig, yn bregethwr cymeradwy, ac yn wrandawr penigamp. Deuai R. T. Jones o Ddyffryn Conwy, a bu'n flaenor a thrysorydd yng Nghapel Woodchurch Road o 1925 hyd 1972 pan ddaeth i Salem. Cofiwyd hefyd am ddwy arall a wnaeth gyfraniad pwysig, sef Mrs Mary Ann Jones a Mrs Jane Evans, y ddwy yn gyn-aelodau o Gapel Woodchurch Road. Roedd Mrs M. A. Jones yn enedigol o'r Groes-lon a Mrs J. Evans o Borth-y-gest. Roedd y gweinidog yn ffyddiog fod pob un o'r teuluoedd hyn wedi derbyn cysuron yr efengyl yn y dyddiau anodd.

Llawenydd oedd yr anrhydeddu a fu yn 1980 yn hanes trysorydd Salem, Mr Gwilym D. J. Davies. Derbyniodd yr MBE yn Anrhyd-eddau'r Frenhines. Daliodd yr ysgol Sul ei thir, a bu'r plant yn weithgar yng Ngŵyl Ysgol Sul Henaduriaeth Lerpwl. Bu angau'n taro'n gyson ar hyd y flwyddyn a chollwyd wyth o'r ddiadell. Diddorol yw sylwi fod tri o'r brodyr wedi gweithio ar y rheilffyrdd, John Jones, Halycon Road, brodor o Amlwch, R. O. Roberts, Grasville Road, gŵr o Dal-y-sarn, ac R. W. Jones, Rock Ferry, yn enedigol o Flaenau Ffestiniog.

Un arall a fu farw oedd Mrs Fanny Jane Hughes, gwraig a ddaeth i Benbedw o Fôn i weini ar ddechrau'r ugeinfed ganrif. Rhoddodd groeso cynnes a chyngor i lu o Gymry ieuainc a fu'n gweithio ym Mhenbedw. Dywedodd y Parchedig Glyn Tudwal Jones yn dda amdani: 'Parhaodd yn groesawus a llawn afiaith hyd y diwedd, yn ddifyr ac yn annibynnol ei ffordd.' Canodd glodydd dwy a fagwyd yng Nghapel Parkfield hefyd, sef Mrs Mary Lloyd Youde, Prenton, a Mrs Gwladys Mary Jones. Yr oedd Mary Lloyd Youde yn 'gymeriad hardd a bywiog . . . ac ar ddiwedd ei hoes dioddefodd gystudd blin gyda dewrder eithriadol.' Byddai Mrs Gwladys Mary Jones yn 'llawen a bywiog yn ei ffordd, nes ennyn ein serch a'n hedmygedd yn hawdd'. Trist oedd gorfod ffarwelio â Miss Doris Roberts, Primrose Road, a fu'n arweinydd y gân yn Eglwys Laird Street a Salem. Cyflawnodd y swydd honno am bron i ddeugain mlynedd, ac ymhyfrydai yn y gwaith o arwain y gynulleidfa i foliannu Duw ar gân.

Colled enbyd oedd marwolaeth y blaenor, T. E. Pryce. Ac yntau'n ŵr busnes, bu'n byw ar y Glannau ar hyd ei oes. Bu'n weithgar yng Nghapel Rock Ferry fel aelod, arweinydd ac organydd. Bu yr un mor gydwybodol yn Salem, ac yn ffrind da i sawl un o'i weinidogion fel y gallai'r Parchedigion G. Tudor Owen a Glyn Tudwal Jones dystio. Crynhodd yr olaf ei gyfraniad mewn tair brawddeg sy'n llefaru'n hyglyw amdano:

Roedd cylch ei ddiddordebau a'i wasanaeth yn eang iawn, a pha beth bynnag a wnâi byddai'n ei wneud yn fanwl a chydwybodol. Cofiwn yn hir am ei wên a'i hiwmor iach yn llenwi'r lle. Cristion crwn, cymeriad cadarn, ac un a garai'r Eglwys a'i Arglwydd yn angerddol.

Gwir pob gair a braint oedd ei adnabod. Cofiodd merched R. T. Jones (Mrs Monica Powell, Miss Dilys M. Jones a Miss D. Vivienne Jones) yn anrhydeddus amdano trwy gyflwyno'r swm o £500 i gyllid yr eglwys.

Er i'r Parchedig Glyn Tudwal Jones dderbyn galwad i weinidogaethu yng ngofalaeth Twrgwyn, Bangor, yn 1980, cafodd yr eglwys yn y cyfnod di-fugail bregethu da ar hyd 1981. Daeth y Parchedig R. Maurice Williams (Waterloo a Southport gynt) yn ôl o Lanrwst a chafwyd Sul o dan weinidogaeth y Parchedig Maldwyn A. Davies, Caerwys, un o blant Woodchurch Road. Daeth y cyn-weinidog, y Parchedig G. Tudor Owen, er dirfawr lawenydd, yn ôl i Salem ar yr ail Sul yng Ngorffennaf. A rhoddais innau fel yr unig weinidog bum Sul iddynt fel rhan o gynllun y Presbyteriaid. Cefais sgwrs hefyd gyda gweinidog o orllewin Meirionnydd a ddangosodd awydd i wynebu sialens a oedd yn syndod i lawer o'i gyfeillion. Pen draw'r sgwrs honno oedd i ni lwyddo i gael olynydd i'r Parchedig Glyn Tudwal Jones ym mherson y Parchedig Idwal Jones.

Roeddem yn hynod o falch am y newydd da hwnnw.

Pennod 11

Gweinidogaeth Fer y Parchedig Idwal Jones (1981-1983)

Diolch i sgwrs a gefais gyda'r Parchedig Idwal Jones, gweinidog gofalaeth Llwyngwril, ni bu'r ofalaeth yn hir heb fugail. Cawswn gyfle i rannu gweinidogaeth gydag ef mewn priodas ac angladd yn Llanfihangel Glyn Myfyr, lle y bu ef a'i briod, Marged, a'r meibion yn byw am flynyddoedd, ac felly roedd gennyf adnabyddiaeth ohono fel gwein-idog profiadol a oedd bellach yn awyddus i wneud un symudiad arall cyn ymddeol. Cawsai ei ordeinio yn 1950 yn y Gymdeithasfa a gynhaliwyd yng Nghapel Heathfield Road, Lerpwl, a bu'n fugail yn ardal Croesoswallt, Y Gaerwen, Môn, Uwchaled, Sir Feirionnydd. Roedd yn bregethwr eneiniedig, yn un o'r doniau a daniwyd fel ei ewythr y Parchedig J. S. Jones, Bae Colwyn, o blith y Bedyddwyr Cymraeg.

Yn ei anerchiad cyntaf cyfeiriodd y gweinidog newydd at y newid mawr yn ei hanes: 'Troeon yr Yrfa! Rhyfedd o fyd! A dyma Lannau Mersi wedi dod yn fan cartrefu, ac yn faes i weithio ynddo. Newid nid bychan o Lannau Mawddach i Lannau Mersi.' Cafwyd cyfarfod sefydlu a gofir o hyd, Salem yn llawn, anerchiadau graenus a gwledd i ddilyn. Bu croeso mawr iddo yng nghapeli'r cylch, gan ei fod yn bregethwr o'r iawn ryw.

Bu'n rhaid i Salem ymgodymu â cholled pan symudodd Gwilym D. J. Davies a'i briod i gylch Aberystwyth yng Ngheredigion. Roedd ei gyfnod fel trysorydd y capel wedi bod yn un hapus iddo, fel y soniodd wrthyf lawer tro. Fe'i holynwyd gan T. M. Jones, a gyflawnodd y swydd yn ddidrafferth. Bu farw sawl aelod yn 1981, Mrs Ellen Angletta Owen ar 20 Chwefror, a'r Capten William Owen, Hooton ger Caer, o fewn wythnos iddi. Aelodau oeddynt yn Eglwys Laird Street i ddechrau, ond oherwydd iddynt symud o Bebington i Hooton, ni chafwyd mo'u presenoldeb fel yn y blyn-yddoedd cynnar. Magwyd y Capten William Owen ym Mwlch-derwin, gwlad Llŷn, a Mrs Ellen Owen ym Mhorthmadog. Un arall a gollwyd yn yr angau oedd Mrs Mary Hughes, Rock Ferry, gwraig o Fôn a fu'n aelod yng Nghapel Parkfield ac yn un o gynheiliaid y cyfarfod gweddi a'r seiat. Ymaelododd yn Salem wedi'r uniad yn 1962, a bu'n llawn hyder ffydd. Cariodd groesau trymion yn ystod ei hoes. Bu farw ei phriod yn 1954, a'i merch Dorothy Leyland, Bebington, yn 1971 yn wraig ifanc. Dywedodd y Parchedig G. Tudor Owen ei bod yn gymeriad deniadol, tawel ei ffordd. Ychwan-egodd yn ei deyrnged:

> Dywedai'n dda am bawb ac yr oedd yn barod ei chymwynas. Yr oedd ganddi feddwl y byd o'i theulu a gwyliodd drostynt heb flino dim.

Bu farw ei mab, Trevor, yn frawychus o sydyn, ac fel y dywedodd Walter Rees Jones:

> Er hyn i gyd ni surodd ei hysbryd, ond yn hytrach gwelsom fod ei ffydd yn ei Harglwydd yn ddigonol i'w chynnal.

Bu 1982 yn flwyddyn drist i Salem gyda cholli pum aelod. Merch y mans oedd Mary Gertrude Owen, Palm Grove, a'i gwreiddiau ym Middlesborough lle y bu ei thad yn weinidog ar un o eglwysi cenhadol Henaduriaeth Lerpwl. Un o Gilcain, Sir y Fflint, oedd Margaret Ellen Roberts. Symudodd yn ôl i'w sir enedigol, i'r Wyddgrug, ond daliodd ei gafael yng Nghapel Salem. Un o Drawsgoed, Ceredigion, oedd John Miles, Tranmere, a phleser oedd ei gyfarfod bob tro y pregethwn yn Salem yn y saith degau. 'Sir-garwr' ydoedd fel fi, a Cheredigion yn golygu cymaint iddo. Roedd yn un o selogion oedfa'r hwyr a byddai wrth ei fodd yn gwrando pregethau Glyn Tudwal Jones ac Idwal Jones. Un o Sir Feirionnydd oedd Mary Roberts, Norman Street. Dioddefodd gystudd hir a blin, ond bu Idwal Jones yn ofalus ohoni yn ystod ei chyfnod yn yr ysbyty. Roedd ef yn fugail penigamp ac yn ymwelydd cyson â'r aelodau. Colled fawr oedd ymadawiad sydyn William Thomas, Hesketh Avenue. Mae teyrnged ei weinidog yn dweud cyfrolau: 'Un llawn bywyd [ydoedd]. Arian byw o gymeriad, yn fwrlwm o weithgarwch. Ei Gartref, a'i Gapel, a'r Gwaith, a'r Gymdeithas Gymraeg oedd ei bopeth.'

Ddechrau 1982 yr oedd Salem yn gymuned o 126 o aelodau, ond collwyd 7 yn ystod y flwyddyn, 5 trwy farwolaeth, 2 wedi ymadael i eglwysi eraill, a 2 wedi dod i'r gorlan o eglwysi eraill. Erbyn diwedd y flwyddyn, felly, roedd y nifer honno wedi disgyn i 121.

Serch y colledion roedd y gweinidog, Idwal Jones, yn cael blas ar bethau ac yn falch o wasanaethu'r ofalaeth. Nid anghofiaf fyth 22 Tachwedd 1983, sef y diwrnod y daeth J. Tudor Owen ar y ffôn i'm hysbysu fod fy nghyfaill Idwal Jones wedi ymadael â ni ar ôl cystudd byr. Cydymdeimlasom yn ddiymdroi â'i briod a'i feibion, a chefais y cyfle i arwain gwasanaeth ei arwyl a threfnu'r gwasanaeth a gynhaliwyd yng Nghapel Salem ar nos Wener, 12 Rhagfyr 1983, pan ddaeth cynulleidfa fawr ynghyd o Lannau Mersi a gogledd Cymru i dalu teyrnged iddo. Roedd yna dristwch a gorfoledd y noson honno am un a fu'n broffwyd cymeradwy i'w Dduw am 33 o flynyddoedd. Yn adroddiad y capel am 1983 ymddangosodd y molawd hwn o eiddo Walter Rees Jones:

> Er mai prin dwy flynedd y bu gyda ni, enillodd le cynnes yn ein calonnau. Bu'n weinidog a bugail ffyddlon ac ymrodd-

edig, gyda'i bregethu gafaelgar a'i arweiniad diogel. Fe gofiwn am ei radlonrwydd, ei wên, ei hiwmor a'i ddoniolwch ar ei fynych ymweliadau â'n cartrefi fel y teimlwn ein bod wedi colli cyfaill personol.

Bu'r Henaduriaeth yn garedig tuag at ei weddw, Mrs Marged S. Jones, a llawenydd mawr oedd deall ei bod am aros ym Mhenbedw. Ers hynny, cyfnod o dair blynedd ar hugain bellach, y mae wedi ymroi i fywyd eglwys Salem a Seion. Amlygwyd dymuniad yr eglwys pan gafodd ei hethol yn flaenor yn 1994, cyfrifoldeb y mae wedi ei ysgwyddo gydag ymroddiad llwyr a didwyll.

Llai na mis ar ôl marwolaeth gynamserol y Parchedig Idwal Jones, bu farw Miss Catherine (Katie) Edwards, Briardale Road, a hithau bron yn 98 oed. Bedyddiwyd hi yn Eglwys Parkfield yn 1886, ac fe'i derbyniwyd yn gyflawn aelod yn 1900. Bu'n aelod yn Parkfield hyd nes yr uniad â Salem, ac fel y nododd Walter Rees Jones, tra byddai Miss Edwards yn aelod mi fyddai dolen gydiol rhwng y presennol a'r gorffennol pell, gan ei bod yn ei phlentyndod yn cydoesi â Mr Richard Williams, arloeswr achos y Methodistiaid Calfinaidd ym Mhenbedw yn 1834.

Mynegwyd llawenydd mawr yn haf 1983 o glywed fod Mr Walter Rees Jones i'w dderbyn yn aelod o Orsedd y Beirdd yn Eisteddfod Genedlaethol Llangefni, ar gyfrif ei gyfraniad gwerthfawr i fyd y ddrama a bywyd Cymraeg capeli Parkfield a Salem. Roedd ei dad, Rees Jones, yn flaenor yng Nghapel Parkfield ac yn ysgrifennydd am flynyddoedd lawer i Eisteddfod y Golomen Wen. Magwyd Walter Rees Jones yn sŵn y 'pethe', ac er na chafodd fyw o gwbl yng Nghymru ysgrifennai Gymraeg cywir a bu'n ohebydd ffyddlon i'r papur bro, *Yr Angor*, ar hyd y blynyddoedd. Yn wir, bu'n aelod hynod o werthfawr o fwrdd golygyddol *Yr Angor*, ac ers ei farwolaeth bu ei weddw, Mrs Mair Rees Jones, yn aelod teyrngar o'r pwyllgor gwaith.

Gwnaeth Walter Rees Jones waith canmoladwy hefyd yn argraffu

adroddiad blynyddol Salem o 1981 hyd y naw degau. Ef a siarad-
odd ar ran yr eglwys yng ngwasanaeth coffa Idwal Jones, a dangos-
odd yr eglwys, drwy'r blaenoriaid, ei hedmygedd o'i gweinidog trwy
ganiatáu i Mrs Marged S. Jones aros yn y Mans heb dalu rhent hyd
nes y byddai galw amdano gan weinidog newydd. Oherwydd
prinder gweinidogion ymhlith y Presbyteriaid Cymraeg, ni ddis-
gwylid i hynny ddigwydd dros nos. Ond fel y cawn weld yn y
bennod nesaf, ni bu'r ymchwil am olynydd heb ei llwyddiant.

Pennod 12

Gweinidogaeth y Parchedig R. E. Hughes (1985-1989)

Chwaraeais innau ran amlwg yn nyfodiad y Parchedig R. E. Hughes i'r Glannau hefyd. Adnabyddwn ef ers fy nghyfnod yn y Coleg Diwinyddol yn Aberystwyth; yr oeddem o'r un genhedlaeth a gwyddwn yn dda am ei ddiwylliant naturiol a'i allu i drosglwyddo'r efengyl yn groyw. A phan orfu iddo dreulio cyfnod yn Ysbyty Brenhinol Lerpwl oherwydd iselder, ymwelwn ag ef yn gyson, a deuai yntau ar y Suliau i oedfa ym Methel, Heathfield Road, cyn dychwelyd gyda ni i'n haelwyd am ginio Sul.

Yr oedd hi'n eglur ddigon i mi y medrai Richard Edward Hughes gael adnewyddiad i'w weinidogaeth o dreulio cyfnod byr ar y Glannau. Yr oedd hi'n arbrawf ar ein rhan i greu gofalaeth newydd a fyddai'n cwmpasu dwy ochr yr afon: Salem, Penbedw; Rake Lane, Wallasey; Stanley Road, Bootle; a Bethania, Waterloo. Fel aelod o'r pwyllgor bugeiliol yr oedd gennyf gyfle da i nodi rhinweddau'r Parchedig R. E. Hughes fel pregethwr a gweinidog. Gwyddwn y byddai'n dod â ffresni i'n plith, ond gwyddwn hefyd na fyddai'n dymuno byw yn y Mans yn Palm Grove. Roedd gan ei briod, Jean Hughes, swydd yn Arfon ac roedd ganddynt dŷ yn Nefyn, ond byddai modd iddi ddod yn gyson i'r Glannau am y penwythnosau. Trefnwyd fflat iddynt yn Bidston Court, Claughton, Penbedw.

Yr oedd cyfnod R. E. Hughes yn Salem yn un dedwydd, fel y mae ei adroddiad am 1986 yn amlygu:

Mwynhasom gwmni'n gilydd mewn oedfa, Seiat a Chwrdd Gweddi. Daeth i ni gryn ddiddanwch a chysur wrth gyd-addoli. Bu i ni gael ambell i awr werthfawr a dylanwadol ar nos Iau. Bu i'r Cyfarfod Gweddi fod yn fynegbost fwy nag unwaith i'n cyfeirio yn "llon at Orsedd Duw", a ninnau'n dod yn ymwybodol fod gwyrth ei drugaredd "ar waith, yng nghanol helbul byd".

Roedd yn fraint ac yn anrhydedd cael bod yn weinidog ar braidd mor frwd:

> Mae eich gwrandawiad a'ch ymateb yn ysbrydoliaeth ac yn orfodaeth arnaf i baratoi ar eich cyfer. Cefais fwynhad mawr a gwefr wrth wrando arnoch yn cyfoethogi'r addoliad drwy eich canu a'ch moliant.

Ymddeolodd T. M. Jones fel trysorydd ddiwedd 1986 ond bodlonodd Walter Rees Jones ymgymryd â'r gwaith gyda Miss D. Vivienne Jones yn ysgrifennydd ariannol. Ar 21 Mai y flwyddyn honno collwyd Mrs Eluned (Lyn) Roberts, priod y blaenor R. R. Roberts a merch J. H. Jones, golygydd *Y Brython*. Bu ei ddylanwad ef yn drwm arni a bu hithau'n deyrngar iawn i'w magwraeth ym Mhenbedw. Dywedodd ei gweinidog amdani:

> Roedd ganddi eirfa Gymreig nodedig iawn: credech wrth wrando arni ei bod wedi ei magu yng nghefn gwlad Cymru.

Collwyd hefyd Mr Hugh Llewelyn Roberts, 96 Shrewsbury Road, ar 10 Awst a Mr P. Pryce Roberts, Egerton Road, ar 22 Awst. Un o Nebo, Arfon, oedd H. L. Roberts a diddordeb dwfn ganddo yn y Cyfundeb a'i weithgarwch. Fel y dywedodd ei weinidog:

> Profodd greulondeb profedigaeth ym marwolaeth un o'i feibion ond ni surodd ac ni chollodd ei ffydd.

Hanai P. Pryce Roberts o Ddyffryn Ceiriog, er iddo dreulio'r rhan helaethaf o'i fywyd ar Lannau Mersi. Ymddiddorai ef fel y cofiwn yn y gân, y Gymdeithas Gymraeg, y mabolgampau a'r eisteddfod.

Ac yn gynnar yn 1987 collwyd dau arall y gallwn ddiolch am eu cymdeithas a'u cyfraniad. Nos Sul, 11 Ionawr, pan oedd yn croesi ffordd lydan Laird Street, bron gyferbyn â'r capel, trawyd Thomas Moses Jones, Ashburton Avenue, gan gar modur. Nid anghofiaf y noson honno gan mai fi oedd yn gwasanaethu yn Salem, a dyna'r newydd a glywais wrth gyrraedd clwyd y capel. Yr oedd wedi ei anafu'n ddifrifol a'i gludo i'r ysbyty lle bu farw drannoeth. Gŵr cadarn a dibynadwy ydoedd, a fferyllydd o ran galwedigaeth. Ni chollai unrhyw gyfarfod yn Salem. Bendithiwyd ef fel ei frawd, Arthur Jones, Ashton-in-Makerfield, â chof da a byddai wrth ei fodd yn dyfynnu beirdd Saesneg ar ôl gwrando pregeth. Cynnyrch capel Cymraeg Carmel, Ashton-in-Makerfield ydoedd. Dyfynnodd R. E. Hughes yr englyn addas hwn yn ei deyrnged iddo:

A blin yw heb y blaenor – a'r Sêt Fawr
    Trist fydd heb ei hangor;
    Mwy'n distaw ni ddaw drwy'r ddôr
    Y graig i'r cysegr ragor.

Dridiau yn ddiweddarach, ar 15 Ionawr, bu farw Mrs Kitty Pritchard-Williams, 117 Gyner Road South. Magwyd hi yn gref-yddol yng Nghapel yr Annibynwyr, Clifton Road, Penbedw, a meddyliai yn fawr iawn o'r capel hwnnw. Wedi dirwyn yr achos i ben ymaelododd yn Salem, a bu'n hynod o ffyddlon yn arbennig i'r oedfa bore Sul. Athrawes ydoedd o ran galwedigaeth, a meddai ar lu o ddoniau – buasai'n gantores, yn organyddes ac yn arweinydd côr merched am flynyddoedd. Hoffai deithio a medrai adrodd hanes ei theithiau amrywiol yn hynod o ddifyr.

Yn ystod y flwyddyn diolchwyd am gyfraniad R. R. Roberts fel blaenor yn Henaduriaeth Lerpwl a Laird Street er 1930, a hefyd

Edwin O. Williams, blaenor yn Parkfield er 1946. Ddiwedd y flwyddyn yr oedd 87 o aelodau ac un gwrandawr.

Gwerthfawrogwyd yn 1987 gyfraniad Mr J. Tudor Owen am ei waith diflino fel ysgrifennydd yr eglwys am 25 mlynedd. Yn yr un cyfarfod cafwyd cyfle i ddathlu chwarter canrif sefydlu Salem a bu'r cofio a'r gwerthfawrogi yn ysbrydoliaeth i'r gweddill ffyddlon. Cyflwynwyd tysteb i Mr J. Tudor Owen yn y cyfarfod ar 14 Mai. Allan o 75 o aelodau cyfrannodd 59 y swm o £175.00. Gwir haeddai'r deyrnged a'r dysteb.

Bu colledion mawr yn 1987 ac mae'n amlwg fod R. E. Hughes wedi dod i anwylo pob un ohonynt. Ar 17 Chwefror bu farw Mr John Bryn Parry, Monwysyn fel ei weinidog. Cyfoethogodd Eisteddfod Gadeiriol Lerpwl a'r Cyffiniau, a gynhelid yn Undeb y Myfyrwyr, Prifysgol Lerpwl, gyda'i ddawn fel adroddwr. Darllenai lyfrau Cymraeg gydag awch. Ysgwyddodd gyfrifoldebau mawr yn ei waith yn y banc ond ni chollodd mo'i naturioldeb. Hanai Mrs Annie Williams, Bidston Avenue, o Lanfair Pwllgwyngyll a chawsai hi a'i phriod gryn lwyddiant mewn busnes. Bu farw ar 2 Ebrill. Un o Faldwyn oedd Mrs Mair Pritchard, Ashburton Avenue, un arall o ffyddloniaid y capel. Bu hithau farw ar 13 Ebrill a dyfynnwyd y llinellau hyn yn deyrnged iddi:

> Bu'n llednais hyd benllwydni – bu'n weddus
> Bu'n addurn cwrteisi.

Ar 23 Ebrill ymadawodd Lewis Edwards, West Kirby, un a fu'n flaenor ac arweinydd yng Nghapel Woodchurch Road. Carai'r gorffennol yn fawr a bu'n rhan o weithgarwch y Presbyteriaid yn Lerpwl yn ogystal ag ym Mhenbedw. Bu'n llwyddiannus ym myd masnach ac edmygid ef am ei haelioni at achos Crist. Ddiwedd 1987 yr oedd aelodaeth yr eglwys wedi disgyn o 87 i 75. Bu farw 6 ac ymadawodd 6 ond ni ddaeth neb o'r newydd i atgyfnerthu'r aelodaeth.

Siomedig ar y cyfan oedd cyfraniadau'r aelodau fel y'u cofnodir yn adroddiadau blynyddol y cyfnod hwn. O fis Gorffennaf 1988 daeth cynllun newydd i fodolaeth, cynllun a oedd bellach yn cymryd i ystyriaeth nifer aelodau'r ofalaeth yn hytrach na'r eglwysi unigol. Yn ôl y cynllun newydd yr oedd cyfraniad Eglwys Salem, fel rhan o ofalaeth y Glannau, yn £24 yr aelod, ond o ganol Gorffennaf byddai'n codi i £30 yr aelod. Nid dyna'r cyfan a ddisgwylid – rhaid hefyd oedd talu costau'r pregethwyr achlysurol nad oedd yn weinidogion yn yr Henaduriaeth. Telid pob pregethwr a ddeuai i Salem ac eithrio gweinidog Bethel, Heathfield Road, a phregethwyr y Cwrs Byr. Byddai'r Henaduriaeth yn gofalu amdanom ni pe dymunem. Ond roedd costau eraill: treuliau'r gweinidog, treuliau'r ofalaeth a threuliau fflat y gweinidog. At hynny gellid ychwanegu costau gwresogi'r capel, ei lanhau a'i atgyweirio, a mân gostau fel £15 i'r *Angor*, cyweirio'r organ (£40 yn 1987), detholiadau (£10), anrhegion Nadolig i'r plant (£15), bylbiau golau (£7.59), gwin y cymun (£8.50), bws i'r gymanfa ym Methel, Heathfield Road (cyfraniad Salem yn dod yn £8.50), a thorri'r gwrych £20.00. Nid oedd hi'n hawdd bod yn ddiddyled gyda chostau fel y rhain, ac yr oedd hi'n ofynnol fod pob aelod yn cyfrannu £50. Allan o 75 o aelodau dim ond 17 a gyrhaeddodd y nod, ac ni fyddai 12 ohonynt wedi llwyddo oni bai eu bod wedi sicrhau ad-daliad treth incwm. Trwy drugaredd, yr oedd y llog ar yr arian a wnaed o werthu'r Mans yn 12 Palm Grove yn dod yn £1,891.65 ac roedd hynny ynghyd â llog y banc o £293.47, a chyfraniad Cymdeithas Cymry Birkenhead o £60 am fenthyg yr ysgoldy, a chasgliad cyhoeddus ar Suliau'r flwyddyn o £203.94, a Chronfa Miss Wynne o £457.96 a'r Consols (£117.48), yn ddigon i gadw'r achos uwchben y dŵr. Go brin fod neb wedi sylweddoli yn oedfaon y Sul nad oedd eu cyfraniadau at gasgliadau'r bore a'r hwyr yn talu am gostau'r pregethwyr a ddeuai ar dro i bulpud Salem. Casglwyd, fel y soniais, yn yr oedfaon ar hyd y flwyddyn y swm o £203.94, ond roedd y taliadau i'r pregethwyr (er enghraifft i'r Parchedigion Ieuan A. Jenkins, Waterloo; D. Glanville

Rees; R. J. Môn Hughes, Penbedw; Glyn Meirion Williams, Moelfre, Môn; O. Prys Davies, Lerpwl; Trefor Jones, Wallasey; Huw John Hughes, Porthaethwy; Huw Jones, Rhuddlan; G. Tudor Owen, Birmingham, ac i'r Mri Gerallt Lloyd Evans, Llangristiolus, Môn; Gwilym M. Jones, Lerpwl; Alun Roberts, Lerpwl, a Mrs Marian Owen, Wallasey) yn dod yn £247.00.

Yn 1988 trefnodd y Cyfundeb o dan nawdd pwyllgor Cymorth Cristnogol yr enwad apêl arbennig i godi arian at y Sahel, a chasglwyd y swm o £173.50 trwy gyfraniadau'r aelodau. Ond ychwanegwyd yn fawr at y casgliad drwy elw bore a noson goffi a gynhaliwyd yng nghartref Mrs Myfanwy Wolfenden yn 39 Forest Road. Nid oedd pall ar ei haelioni hithau tuag at Salem. Cyfrannai'n haelionus dros ben at yr Offrwm Diolch a'r Weinidogaeth (£225 yn 1987 a £20.58 o ad-daliad treth incwm yn ychwanegol). Yr oedd hefyd yn barod iawn i gludo rhai o'r aelodau yn ei modur, arferiad sydd wedi para hyd heddiw. Pan gyhoeddwyd yr atodiad i lyfr emynau 1929, cyflwynodd nifer o gopïau o'r gyfrol at wasanaeth yr eglwys a chyflwynodd Cymdeithas y Chwiorydd y Beibl Cymraeg Newydd ar astell y pulpud. Ymunodd Salem yn nathliadau cyhoeddi'r cyfieithiad newydd yn Lerpwl ar Wŷl Ddewi, ac ym mis Medi diolchwyd am i'r Esgob William Morgan gyfieithu'r Beibl i'r Gymraeg yn 1588.

Yr un flwyddyn bu farw dwy a fu'n gysylltiedig â'r achos am gyfnod hir, Mrs Sinah Pritchard yn Newcastle upon Tyne a Mrs Edith May Price, Hen Golwyn a gynt o Bromborough, gweddw T. E. Pryce. Mab i David Jones, a fu'n flaenor yn Rock Ferry a Salem, oedd Emyr Goronwy Jones, Kingsmead Road South, a bûm yn weinidog arno ef a'i briod, Dilys Jones, am gyfnod maith yng Nghapel Heathfield Road. Cymwynaswr mawr oedd Tudur Glynne Lewis, West Kirby, un o Ddyffryn Conwy a chefnogwr da. Roedd hi'n alar o'u colli.

Roedd Cymdeithas y Chwiorydd yn gweithio'n ddygn gyda Mrs Marged S. Jones yn llywydd, Miss Edith Caine yn ysgrifennydd, a

Mrs Mair Rees Jones yn drysorydd. Talwyd y swm o £700 i Gronfa Ymchwil yr Aren, sef yr elw wnaed o ganlyniad i ymdrechion arbennig Cymdeithas y Chwiorydd. Roedd y gronfa hon yn agos iawn at galon yr eglwys gan fod Mrs Megan Owen, priod J. Tudor Owen, yn dioddef o glwyf yr arennau. Bu hi'n hynod o ddewr ac yn destun edmygedd i bawb o'r aelodau. Yr oedd y weithred hon yn deyrnged haeddiannol iawn i un a wnaethai gymaint dros yr achos gan gynnwys lletya pregethwyr. Gorffwysai'r cyfrifoldeb hwnnw ar saith o'r gwragedd yn 1988, sef Megan Owen, Marged Jones a Mrs Elisabeth Emrys Evans, y ddwy chwaer Dilys a Vivienne Jones, Mrs Gwladys Thomas (Heswall) yn cadw mis, Mrs Myfanwy Wolfenden yn cadw dau fis, a Mrs Mair Rees Jones yn cadw tri mis. Y rhain ynghyd â Mrs Glenys Jones, Brancote Road, Miss Edith Caine, Mrs E. E. Jones, Rock Ferry, Mrs Morfydd Williams, Moreton, a Mrs Edwin Owen, Egerton Road, un arall o ragorolion Salem, oedd yn gofalu am fwrdd y cymun o fis i fis ar hyd y flwyddyn.

Bu newid mawr arall yn 1989 pan benderfynodd y Parchedig R. E. Hughes symud yn ôl i Gymru. Derbyniasai alwad o ofalaeth Tremadog a'r cyffiniau a dechreuodd ar ei gyfrifoldebau yn ei gylch newydd ym mis Hydref. Cafodd Salem gyfle i ddymuno'n dda iddo ef a'i briod, Mrs Jean Hughes, mewn cyfarfod arbennig ar 21 Medi pan gyflwynwyd tysteb iddo ar ran eglwysi'r ofalaeth. Golygai ei ymadawiad y byddai mwy o bwysau ar y blaenoriaid a phob aelod unigol wrth iddynt gyflawni'r dasg o gynnal y dystiolaeth yn Salem. Ond yr oedd y blaenoriaid yn amharod iawn i gyfarfod er mwyn trafod y problemau a wynebai'r eglwys. Sylwaf yng nghyfnod y Parchedig R. E. Hughes mai digwyddiadau prin oedd cyfarfodydd y blaenoriaid. Cafwyd dau yn 1986, un ar 12 Chwefror a'r llall ar 24 Gorffennaf, un yn unig yn 1987 ar 6 Chwefror, felly hefyd yn 1988 ar 22 Rhagfyr, ac yn 1989 cafwyd un ar 28 Rhagfyr ar ôl i'r gweinidog ymadael.

Bu cyfnod R. E. Hughes yn un digon buddiol i bawb. Er nad oedd mor gyson ei ymweliadau â chartrefi'r aelodau â'i ragflaenydd,

Idwal Jones, gallai ddenu'r ffyddloniaid i gyfarfodydd Salem, a rhaid cofio bod ei ofalaeth ef yn llawer mwy gwasgaredig nag eiddo'i rag-flaenydd. Ef oedd llywydd yr Henaduriaeth yn 1987 a chyflawnodd ei waith gyda hynawsedd. Nid anghofiaf ei anerchiad ar 27 Ionawr 1988 o'r gadair ar derfyn ei dymor. Soniodd am y colledion mynych a ddioddefai'r capeli Cymraeg trwy angau, gyda'r ffyddloniaid yn prinhau o flwyddyn i flwyddyn. Cyfeiriodd at yr hapusrwydd a brofodd o gael ymwneud â'r gweithgareddau amrywiol, y pwyll-gorau a'r cyfarfodydd a drefnid ar gyfer y Cymry. Cynhesrwydd a chytgord oedd ei bennawd nesaf. Mae yn Henaduriaeth Lerpwl ddolen deuluol rhyngom a'n gilydd a gwerthfawrogai ef, fel un a wybu dreialon y daith, hynny yn fawr iawn. A dyna hynny'n arwain at ei gymal olaf, sef y croeso a'r cyfle godidog a gafodd yng ngofal-aeth y Glannau a'r Henaduriaeth i ddarganfod drachefn yr alwad bwysig o wasanaethu Crist, Brenin y Gogoniant.

Pennod 13

Dyfalbarhad Cnewyllyn o Ffyddloniaid (1990-1992)

Eglwys ddi-fugail oedd Salem wedi i'r Parchedig R. E. Hughes ddychwelyd i Nefyn, ond yr oedd cnewyllyn o ffyddloniaid yn mynnu dyfalbarhau. Ceid arwyddion o fywyd o hyd, ysgol Sul yn ystod oedfa'r bore ar gyfer y tri o Eglwys Rake Lane, Wallasey, a oedd yn parhau i ymgynnull, a Chymdeithas y Chwiorydd yn cyfarfod bob mis. Deuai ffyddloniaid y cyfarfod gweddi a'r seiat at ei gilydd yn gyson ar nos Iau. Ond ni ellid atal y dirywiad a chyn i R. E. Hughes ymadael bu farw'r chwaer ffyddlon, Jane Hughes, Woodsorrel Road. Un o Lanllyfni yn Arfon ydoedd a phwysleisiwyd yn y deyrnged a dalwyd iddi ei charedigrwydd, ei serchowgrwydd, ei Chymreictod naturiol a'i chefnogaeth i oedfaon bore Sul. Trosglwyddwyd y swm anrhydeddus o £300 er cof amdani i gyllid Salem, gweithred hardd na ddigwyddai yn aml yn hanes y capel arbennig hwn. Ar 12 Rhagfyr bu farw Miss Olwen Hughes, Bidston Avenue, ar ôl hir waeledd a'i hataliodd rhag bod yn un o gwmni'r ffyddloniaid. Gwelid arwyddion henaint yn llesteirio eraill, yn arbennig Mr R. R. Roberts, un o'r blaenoriaid gorau yn fy mhrofiad i.

Ac ar 16 Tachwedd 1990 bu farw'r blaenor Edwin O. Williams wedi oes faith o 92 o flynyddoedd. Bu'n gysylltiedig â'r achos am dri chwarter canrif. Daeth i Benbedw yn ŵr ifanc yn 1915 o Arfon i weithio ar y rheilffyrdd ac ymaelododd yng Nghapel Parkfield. Bu yno trwy gyfnod gweinidogaeth y bardd-bregethwr, Moelwyn, ac yn 1946 etholwyd ef yn flaenor. Fe'i clwyfwyd yn y Rhyfel Byd Cyntaf ond daeth yn ôl i Benbedw yn llawn awyddfryd i wasanaethu ei Arglwydd. Bu ei frawd, W. R. Williams, yn flaenor fel yntau yn un o eglwysi Cymraeg Llundain a hefyd yn Aelod Seneddol Llafur. Daeth yr alwad iddo yn ddisyfyd. Yr oedd yn sêt fawr Salem ar fore Sul, 11 Tachwedd, yn gwrando ar y Parchedig R. J. Môn Hughes yn traethu'n rymus, ond cyn diwedd yr wythnos fe daenodd y newydd am ei ymadawiad sydyn.

Bu colledion eraill ar hyd 1990. Collwyd Miss Gwendoline Mary Owen, Ringwood Court (un o ffyddloniaid Rock Ferry) ar 18 Ebrill a gadawodd gymynrodd hael o £500 i Salem yn ei hewyllys. Cyn-aelod o Eglwys Woodchurch Road oedd Mrs Elizabeth Ann Jones, Wharfedale Avenue, ond daliodd yn ffyddlon i Salem hyd y diwedd. Bu hi farw dridiau ar ôl Miss G. M. Owen.

Ym marwolaeth Miss Nesta Evans, Primrose Road, collwyd un a fu'n gysylltiedig â'r achos ar hyd ei bywyd – yn Eglwys Laird Street, lle y bedyddiwyd hi yn 1918, ac yna yn Salem wedi'r uniad. Bu farw Mr Gwilym Davies, Waterpark Road, yn dilyn damwain yn ei gartref, trychineb o'r mwyaf i'w briod a'i deulu. Adnabyddwn ef gan iddo fod yn aelod yng Nghapel Heathfield Road, Lerpwl, cyn symud i Benbedw. Digwyddodd y ddamwain ar 19 Gorffennaf. Yn niwedd 1990 yr oedd nifer yr aelodaeth yn 63 a neb o'r newydd wedi ymaelodi â'r achos. Cedwid golwg ar y praidd erbyn y flwyddyn honno gan y Parchedig D. Glanville Rees, un a fu'n gymorth mawr dros y blynyddoedd i gapeli'r Cyfundeb Cymraeg a Saesneg. Y mae'n dal yn heini a pharod ei gymwynas a mynegwyd yng nghyfarfod y blaenoriaid ar 29 Rhagfyr 1991 werthfawrogiad o'i rasol ofal. Cyflwynwyd rhodd haelionus iddo am ei gymwynasgarwch a'i ddiwydrwydd.

Mewn Henaduriaeth yn Ellesmere Port ar 12 Gorffennaf 1989 cafwyd agoriad hynod o bwysig gan Islwyn Jones, BSc, blaenor yng nghapel Cymraeg Runcorn, ar ystadegau'r Henaduriaeth. Edrychodd ar stori'r dirywiad yn nhermau ei brofiad ef yn Sir Gaerhirfryn a Sir Gaer er 1952, sef cyfnod o dros chwarter canrif. Ni ellid dadansoddi'r ffigurau heb roi ystyriaeth i'r ffactorau canlynol:

(i) Y newid mawr yn y patrwm economaidd a chymdeithasol. Pan ddechreuodd ef ei yrfa ym Mharc Trafford, Manceinion, yn 1952 yr oedd 23,811 o bobl yn gweithio yno ym myd peirianneg. Yn 1989 roedd y swyddi yn llai na 5,000 i holl ddinas Manceinion. Peidiodd y system brentisiaeth i raddau helaeth ac yn lle cyflogaeth lawn cafwyd yn yr wyth degau, oes Thatcheriaeth, gyfnod o ddiweithdra mawr. Golygai hyn fod y ffrwd o Gymry Cymraeg a ddeuai i weithio i ICI yn Runcorn, Ford yn Halewood, ac i Cammell Laird ym Mhenbedw wedi peidio i raddau helaeth, ac roedd rheswm da am hynny. Felly, cofier mai lleihad ydoedd yn rhif aelodau'r capeli yn erbyn cefndir o leihad yn y boblogaeth Gymraeg.

(ii) Nerth a dylanwad y Saesneg a'i diwylliant ar aelodau capeli Cymraeg Lerpwl a'r cyffiniau. Soniodd am ei deulu ei hun – y plant yn Saeson uniaith ac yn gynheiliaid achosion Cristnogol Saesneg er ei fod ef a'i briod yn rhugl yn yr iaith Gymraeg. Y mae cymaint o hyn wedi digwydd yn ystod y deugain mlynedd diwethaf fel bod capeli Cymraeg y Glannau wedi eu hamddifadu o'r gwaed ifanc a ddylai fod yn rhan o gwmni'r pererinion ffyddlon. Ond, meddai Islwyn Jones, dylid cofio mai un Duw sydd ac nid Duw Cymraeg yn unig ydyw. Dweud go ysgytwol ac eto digon gwir yn hanes y capel a gaiff sylw yn y gyfrol hon.

Ond rhaid cofio hefyd y teuluoedd a lwyddodd i fagu eu plant yn Gymry da. Un enghraifft o deulu o'r fath yn Laird Street a Salem

oedd eiddo'r Arglwydd David Thomas Gruffydd Evans, a thanlinell-
wyd hyn mewn coffâd cofiadwy iawn ar lawr yr Henaduriaeth
gan J. Tudor Owen ym Methel ar nos Lun, 18 Mai 1992, o dan
gadeiryddiaeth Dewi Garmon Roberts, Stanley Road. Un o blant
Laird Street oedd yr Arglwydd Evans, neu 'Gruff' fel yr oedd pawb
yn ei alw. Perthynai i'r drydedd genhedlaeth a fu ynglŷn â'r achos.
Daeth ei daid, David Evans, fel y cofiwn i adeiladu rhan helaeth o
ogledd Penbedw. Bu'n llwyddiannus iawn ac adeiladodd gannoedd
o dai yn yr ardal honno ac yn Wallasey. Cofiwn ei ran yn adeiladu'r
capel a agorwyd yn 1906. Bu ei dad, John Cynlais Evans, yn flaenor
ac yn weithgar dros ben ymysg pobl ifanc Laird Street, a'i briod,
Mrs Cynlais Evans, yr un mor selog.

Cafodd D. T. Gruffydd Evans ei addysg yn yr enwog 'Birkenhead
School', yn Ysgol Friars, Bangor, ac ym Mhrifysgol Lerpwl lle y'i
hyfforddwyd gan yr Athro Seaborne Davies. Graddiodd yn y gyf-
raith, ac fe'i derbyniwyd i gwmni Lamb, Goldsmith a Howard.
Cymerai ddiddordeb mawr mewn gwleidyddiaeth, ac roedd yn
Rhyddfrydwr cadarn fel llawer o bobl y capeli ac yn ôl traddodiad ei
deulu. Cafodd ei ethol yn gynghorydd dros ward Claughton, ac yn
hyn o beth dilynai ôl traed ei daid. Rhoddodd flynyddoedd o
wasanaeth i Benbedw yn y swydd hon gan ennill parch a theyrn-
garwch yr etholwyr. Beth bynnag fyddai eu lliw gwleidyddol 'Gruff'
oedd ef i bawb yn Claughton. Gwasanaethai ar Gyngor Sir Glannau
Mersi lle'r oedd yn arweinydd y Blaid Ryddfrydol. Cafodd ei ethol i
bwyllgor gwaith y blaid a bu'n gadeirydd am dair blynedd.

Gwnaed ef yn Arglwydd yn 1978 a bu'n ddadleuydd medrus fel
yr Arglwydd Evans o Claughton yn Nhŷ'r Arglwyddi. Cafodd ei
anrhydeddu trwy ei ethol yn Llywydd Cenedlaethol y Blaid Rydd-
frydol a daeth yn wyneb cyfarwydd iawn yng nghynadleddau'r
blaid. Ar Lannau Mersi yr oedd yn Ynad Heddwch, a chafodd y
cyfle i fod yn Ddirprwy Lefftenant Glannau Mersi.

Er gwaethaf ei brysurdeb, nid anghofiodd ei wreiddiau Cymreig
a siaradai Gymraeg yn rhugl, y drydedd genhedlaeth o'i deulu i

wneud hynny ym Mhenbedw. Yr oedd yn ŵr rhadlon, yn meddu ar hiwmor ac yn siaradwr cyhoeddus penigamp. Bu'n ffodus yn ei briod, yr Arglwyddes Moira Evans, a'i blant y meddyliai'r byd ohonynt.

Ymdriniodd â materion cyfreithiol Henaduriaeth Lerpwl yn effeith-iol iawn ar ôl ymddeoliad Ieuan D. Howard. Roedd yn hynod o ofalus a'i gyngor bob amser yn ddoeth. Treuliodd oriau lawer yn delio â chymhlethdod gwerthiant Capel Stanley Road, Bootle, yn arbennig gan fod ystad Arglwydd Derby yn mynnu ein bod yn talu crocbris am yr hawl i'r tir lle safai'r capel hardd. Gresyn na welodd yr Arglwydd D. T. Gruffydd Evans y mater hwnnw'n cael ei gwbl-hau yn llwyddiannus. Bu ei arwyl yn Salem lle y magwyd ef a lle y buasai'n weithgar yn nyddiau ei ieuenctid. Gweithredodd ef eiriau Llyfr y Pregethwr:

> Cofia yn awr dy Greawdwr yn nyddiau dy ieuenctid, cyn dyfod y dyddiau blin a neshau o'r blynyddoedd yn y rhai nid oes i mi ddim diddanwch.

Yn y gwasanaeth coffa iddo a gynhaliwyd yn eglwys Anglicanaidd St Saviour, Oxton, darllenwyd y darn adnabyddus o lyfr Ecclesiasticus, 'Canmolwn yn awr y gwŷr enwog', a chafodd J. Tudor Owen gyfle i gyfeirio at adnod arall sydd yn ymddangos yn yr un llyfr, yr adnod sy'n datgan mai 'Eli einioes yw cyfaill ffyddlon'. Mor wir yw'r adnod hon, ac mor wir ydyw'r ffaith fod ein bywydau ni yn mynd yn dlotach wrth golli cyfeillion annwyl. Yr oedd D. T. Gruffydd Evans yn gyfaill agos iawn i J. Tudor Owen, a chydnabu ef ei fod 'yn teimlo ei golli yn fawr iawn'. Y mae gan Laird Street a Salem hawl i deimlo'n ddiddig ynghylch bywyd a gwaith y gŵr da hwn.

Pennod 14

Gweinidogaeth y Parchedig Thomas Reginald Wright (1992-2000)

Bu Salem yn hynod o ffodus o gael arweiniad y Parchedig T. R. Wright pan benderfynodd yntau roi'r gorau i'w swydd fel warden Coleg Trefeca a symud yn ôl i ddalgylch yr oedd yn gwbl gyfarwydd ag ef. Fe'i ganwyd yn Llundain, ei fam yn Gymraes a'i dad o'r ddinas, ac fel eraill o'i gyfnod fe ddaeth yn Gymro Cymraeg teyrngar. Cafodd yrfa amrywiol fel athro a darlithydd ac ymddeolodd yn gynnar er mwyn cyfrannu i'w Gyfundeb. A dyna a wnaeth.

Erbyn iddo ef gymryd yr awenau yr oedd yr ofalaeth wedi newid yn ddirfawr. Capel St John's Street, Caer, oedd canolbwynt yr ofalaeth newydd a chapeli Ellesmere Port, Wallasey a Laird Street yn rhan bwysig o'r gofal bugeiliol. Yr oedd y diriogaeth yn eang gan fod y mans yn ninas Caer.

Cafwyd cychwyn da i'r bennod newydd yn y cyfarfod sefydlu ar 14 Tachwedd 1992, a chafodd arweinwyr ac aelodau Salem gyfle i ymuno yn y dymuniadau da.

Daeth y gweinidog newydd ag agwedd hoffus ryfeddol i'w ganlyn, a llawenydd oedd gweld y berthynas yn tyfu. Yr oedd Salem wedi bod yn dibynnu ar ddau flaenor, J. Tudor Owen a Walter Rees Jones, am arweiniad. Ond yn 1994 penderfynwyd ychwanegu at yr arweinwyr. Etholwyd Mrs Marged S. Jones a Mr John H. Thomas, a bu hyn o fudd mawr i'r gymdeithas.

Yr oedd galw cyson am wasanaeth y gweinidog i ymweld â'r henoed a'r cleifion, ac i weini mewn angladdau. Daeth i adnabod ei bobl a chyflwynodd goffâd cofiadwy i'r rhai a fu farw yn ystod y cyfnod hwn: Elisabeth Jones, Rock Ferry (yn enedigol o Gaergybi); Mrs Nesta Vowles, Helsby; ac yn 1994 Mrs W. Ellis Hughes, Epworth Grange, a Mr Edwin Owen, un o'r ffyddlonaf yn Salem, gŵr urddasol a bonheddig a fu'n gweithio ar y rheilffyrdd. Yn 1996 bu farw Islwyn Jones a fu'n llafurio ar adeiladu'r twnnel cyntaf o dan afon Mersi.

Yn 1997, 45 o aelodau oedd gan Salem ac ni chollwyd yr un ohonynt y flwyddyn honno. Ond yr oedd y stori'n dra gwahanol yn 1998. Collwyd tri a ymddiddorai'n fawr yn hynt a helynt yr achos, Mrs Elizabeth Kate Emrys Evans, Mrs Dilys Elizabeth Jones a Dr Vernon Walters. Cynnyrch Capel Heathfield Road oedd Mrs Dilys Jones, merch i'r blaenor a'r adeiladydd John Lloyd, tra bu Dr Vernon Walters yn bennaeth Ysgol Fferyllwyr Prifysgol Lerpwl am bron i chwarter canrif. Person amlwg gweithgar arall a gollwyd yn yr angau oedd Mrs Myfanwy Wolfenden. Yr oedd ei gwreiddiau hi yn ddwfn yn y gymuned Gymraeg ym Mhenbedw. Perthynai i'r drydedd genhedlaeth i siarad a gwarchod yr iaith. Bu'n weithgar gyda'r plant ac ym mhob cyfarfod. Ni bu neb yn fwy haelionus na hi, a gadawodd £5,000 yn ei hewyllys i'r achos. Mae'n dal i ysbrydoli'r rhai sy'n ysgwyddo'r cyfrifoldeb heddiw. Bu farw Mr Francis Haydn Hughes hefyd. Bu ef yn gweithio i gwmni enwog y dref, Cammell Laird. Un o Benbedw oedd Mrs Myfanwy Henshaw, Annibynwraig a ddaeth o Gapel Clifton Road pan ddatgorfforwyd hwnnw yn 1983. Gadawodd hithau gymynrodd o £500 i Salem.

Yn y flwyddyn 2000 penderfynodd y Parchedig T. R. Wright leihau ei gyfrifoldebau yn yr ofalaeth am ei fod yn dioddef o glefyd y galon. Ymddihatrodd o'i gyfrifoldeb yn Salem a Rake Lane. Cyflawnodd gryn lawer yn yr wyth mlynedd. Cadwodd y cymunedau'n weithgar a llwyddodd i gael cnewyllyn ohonynt i fynychu wythnos o wyliau a drefnai yn Nhrefeca. Cyhoeddai'r Gair gydag arddeliad, a'i lais yn cyrraedd y seddau cefn yn hawdd.

Yr oedd hi'n chwithdod colli ei gwmni er iddo aros i gadw llygad ar y gymuned Bresbyteraidd Gymraeg yn Ellesmere Port, a dod yn ôl yn gyson yn arbennig i'r cynhebryngau. Yn fuan ar ôl ymddeol a chael cyfarfodydd i ddiolch iddo, dychwelodd i wasanaeth coffa Miss Dilys M. Jones, Lingdale Road, organyddes yn Salem, a hefyd i arwyl Mrs Gwladys Jones, gweddw Islwyn Jones, a fu ar hyd ei oes yn rhan o gymuned Laird Street. Perthynai i deulu mawr yn y dref.

Yr oedd Salem adeg ymddeoliad T. R. Wright yn wynebu cyfnod digon anodd, gyda chyn lleiad â 35 o aelodau. Sylweddolai'r arweinwyr y sefyllfa yn dda a daeth yn gwestiwn pwysig i'w drafod yn yr Henaduriaeth. Yr oedd angen penderfyniad a gweledigaeth, ac argymhellwyd bod Capel Rake Lane, Wallasey, a Salem, Laird Street, yn cael eu huno mor fuan ag oedd modd. A dyna a fu, fel y gwelwn yn y bennod olaf.

Pennod 15

Stori Seion o 2001 hyd 2006

Collodd Salem ar 5 Ebrill 2001 un o'i arweinwyr mwyaf ymroddedig ym marwolaeth Walter Rees Jones ar ôl cystudd hir ac anodd. Gweithiodd yntau'n ddiwyd dros yr achos a chofiwn yn dda am ei ymroddiad i'r Cwrs Byr, yr hyfforddiant a ddarperid bob haf yng Nghapel Bethel, Heathfield Road, ar gyfer blaenoriaid a lleygwyr a oedd yn barod i wasanaethu yn achlysurol ar y Suliau. Bu'r cynllun yn llwyddiant arbennig a gwnaeth Mr Walter Rees Jones gyfraniad gwerthfawr fel cennad yn Salem a'r eglwysi cyfagos. Cyn diwedd y flwyddyn bu farw ei chwaer, Miss Dilys Jones, mewn cartref yn Hoylake. Bu hi'n gefn i'r teulu o ddyddiau ei hieuenctid cynnar.

Ar 1 Mai bu farw Mr R. D. Pugh, Grainger Avenue, un o'r aelodau o ddyddiau Laird Street, yn Ysbyty Clatterbridge. Athro ydoedd o ran galwedigaeth. Ddeuddydd yn ddiweddarach yn Burnston Court, Moreton, bu farw Mrs Enid Evans, aelod defosiynol, yn 90 oed. Yna, ar 14 Mai, collwyd Mrs Gwenith Jones, gweddw'r blaenor T. M. Jones a gollwyd mewn damwain yn 1987. Roedd hi yn enedigol o Ddolgellau ac wedi cyrraedd yr oedran teg o 95.

Yn 2001 dathlodd Capel Rake Lane ganmlwyddiant adeiladu'r capel gan gofio i gynulleidfa Capel Liscard Road, Seacombe, ddod yn rhan o'r gymuned. Yn 1900 penderfynodd cynulleidfa'r Presbyteriaid a gyfarfyddai yn Egerton Street, New Brighton, chwilio am safle gwahanol. Adeiladwyd capel newydd a agorwyd yn niwedd

Mehefin 1901. Yr oedd yr addoldy hwn ar y ffin rhwng Wallasey a New Brighton. Ymhen amser daethpwyd i'w alw'n Rake Lane, Wallasey, ond mynnai'r Cyfarfod Misol hyd y pum degau ei alw'n Rake Lane, New Brighton.

Yn ystod gweinidogaeth y Parchedig T. J. Rowlands, ar ôl i'r Parchedig Lodwig Lewis symud i Abertawe, yr oedd perthynas agos rhwng Rake Lane a Laird Street. Daethant i bartneriaeth yn y 1970au ac aros felly hyd ddiwedd gweinidogaeth Tom Wright. Cofier mai Capel Seacombe oedd cartref ysbrydol un o wŷr llên pwysicaf ein cenedl, J. Saunders Lewis. Sonia J. S. Lewis amdano mewn llythyr at ei gariad yn mynd i gyfarfod gweddi yn y capel hwnnw adeg y Rhyfel Byd Cyntaf. Cymerodd ran yn yr oedfa a dywedodd yn gofiadwy:

> And yet I liked that tiny gathering of men and women, all simple and not rich, meeting in an English city to pray and have quiet, and speaking and singing in their own tongue . . .

Ychwanega:

> I think if meetings of prayer and worship were small and few, and only the poor and simple and the unambitious cared for them, they might become fountains of wisdom and power, and men might go out of them to the conquest of the world.

Rwyf mor falch inni fwrw ati ar ran Cymdeithas Etifeddiaeth Cymry Glannau Mersi i osod plac ar y tŷ lle magwyd Saunders Lewis, sef 6 Wilton Street, Liscard. Yn dilyn y seremoni ar ddydd Sul, 25 Chwefror 2001, cafwyd oedfa eneiniedig yn yr Eglwys Ddiwygiedig Unedig yn Seacombe, ac roedd yr Esgob D. J. Mullins, yr ysgolhaig Dr R. Geraint Gruffydd, Aberystwyth, a merch y dramodydd, Mrs Mair Saunders Jones, yn bresennol ynddi. Rhoddodd Capel Rake Lane a'i arweinwyr gefnogaeth dda i'r digwyddiad.

Trefnwyd oedfa arbennig ar ddydd Sul, 24 Mehefin 2001, yn Rake Lane i ddathlu'r canmlwyddiant ac i uno'r ddwy gynulleidfa mewn eglwys i'w galw'n Seion. Cafwyd oedfa arbennig o dan lywyddiaeth y Parchedig Eleri Edwards, caplan Cymry'r Glannau o 1996 hyd nes iddi symud i Fanceinion. Cymerwyd rhan yn y gwasanaeth gan arweinwyr y ddau gapel a chafwyd siars i'w eglwys newydd gan y Parchedig John Owen, Rhuthun, cyn-lywydd Cymdeithasfa'r Gogledd.

Cychwynnodd Seion ar ei thaith fel cymuned Gristnogol ar 1 Gorffennaf 2001, gan greu pennod newydd i Bresbyteriaeth Gymraeg tref Penbedw. Cyn diwedd 2001 collodd Seion, fel y soniwyd eisoes, Dilys Jones ac ar Ŵyl San Steffan Mrs Nan Owen (gynt o Egerton Street), un arall o'r ffyddlon rai. Bu farw un o'r gwrandawyr ym mherson Miss Mair Blodwen Jones a fu'n ddiacon yng nghapel y Bedyddwyr Cymraeg yn Woodland, Penbedw, cyn ei ddatgorffori. Ni allai newid enwad ond bu'n hynod o ffyddlon i Salem. Talwyd teyrnged hefyd i'r annwyl George Martin, brodor o Gaergybi a chyfaill mawr i Bill ac Enid Byrne a wnaeth gymaint dros yr achos yn Wallasey.

Bu'r undeb rhwng Salem a Rake Lane yn fodd i ddwyn ynghyd bobl a oedd wedi arfer cymdeithasu â'i gilydd. Yn wyneb tueddiadau'r oes penderfynwyd cynnal un oedfa ar y Sul, a honno yn y prynhawn. Gweithiodd hynny'n dda. Cyfrannodd Seion yn anrhydeddus at apêl y Cyfundeb yn 2002 tuag at waith Cymorth Cristnogol. Casglwyd cyfanswm o £355.

Yn ystod y flwyddyn collwyd Miss D. Vivienne Jones, Miss Hannah Mary Hughes a Mrs Jennie Jackson. Roedd Miss Hughes a Mrs Jackson yn eu naw degau. Y flwyddyn ddilynol, sef 2003, bu farw Mrs Myfanwy Pugh yn Swydd Gaerwrangon, a hynny ar 21 Chwefror. Clywsom ar 6 Awst y newydd am ymadawiad sydyn Mrs Dorothy Blaxall (a fedyddiwyd yng Nghapel Rake Lane), ac ar 30 Medi yn Ysbyty Arrowe Park bu farw Mrs Sydney Corran, brodor o

Benbedw. Yn 2004 caeodd Eglwys Fethodistaidd Noddfa, Bebington, ei drysau ond dim ond pedwar o'r aelodau a ymunodd â Seion. Ymunodd eraill â chapeli ac eglwysi Saesneg a oedd yn fwy cyfleus iddynt. Roedd hyn yn annerbyniol i Mrs Mair Olwen Lewis, a deithiai ar y Sul yr holl ffordd o West Kirby er mwyn addoli yn ei mamiaith. Yr oedd yn dal i deithio ychydig wythnosau cyn ei marwolaeth ar 2 Chwefror. Yr oedd hynny'n wir hefyd yn hanes Miss Myfanwy Evans a fu farw yn 97 oed – symudodd i dri gwahanol adeilad fel y medrai addoli Duw yn y Gymraeg. Yn niwedd 2004 rhifai Capel Seion 40 o aelodau.

Yn 2005 bu farw un o selogion capeli Seacombe a Rake Lane, sef David Medwyn Davies, brodor o Lanrhaeadr yn Nyffryn Clwyd. Gofalodd ei briod Owena (merch y mans) yn ofalus amdano am gyfnod hir. Yna, ar 22 Tachwedd, bu farw Miss Blodwen Roberts, Prenton, yn 91 oed ac fe'i gosodwyd i orffwys ym Mrynrodyn yn y Groeslon. Roedd cludo'r Cymry yn ôl i froydd eu mebyd i'w claddu yn draddodiad a welid yn gyson ar y Glannau hyd y saith degau. Ond gyda phoblogrwydd amlosgfeydd a chostau uchel angladdau peidiodd yr arfer bron yn gyfan gwbl.

Y mae Capel Seion mewn sefyllfa dda ac mae'n galondid gweld mai dyma ganolfan Cymry Cilgwri o hyd. Gofynnwyd i aelod o'r capel, Mr Gwyn Jones, oruchwylio'r dasg o wrcsogi'r capel a llwyddodd yn nechrau 2006 i wneud hyn fel nad oes rhaid cyfarfod bellach yn yr ysgoldy ar brynhawn Sul. Defnyddir y capel ar gyfer yr addoli.

Edrychwn ymlaen at ddathlu canmlwyddiant yr adeiladau ar 9 Ebrill 2006. Gallwn gymhwyso geiriau Paul yn ei lythyr cyntaf at y Thesaloniaid i'r eglwys yn Seion:

A chwithau, bydded i'r Arglwydd beri ichwi gynyddu, a rhagori mewn cariad tuag at eich gilydd a thuag at bawb, fel yr ydym ni tuag atoch chwi, i gadarnhau eich calonnau, fel y byddwch yn ddi-fai mewn sancteiddrwydd gerbron ein Duw a'n Tad yn nyfodiad ein Harglwydd Iesu gyda'i holl saint! Amen.

Dyma ein gweddi ddidwyll dros ein cyd-Gristnogion yn Seion, a thros bawb a fu'n darllen y stori ddramatig am y tân a gyneuwyd gan mlynedd yn ôl yn y Diwygiad, ac sydd o hyd heb ei ddiffodd yn Laird Street, Penbedw.

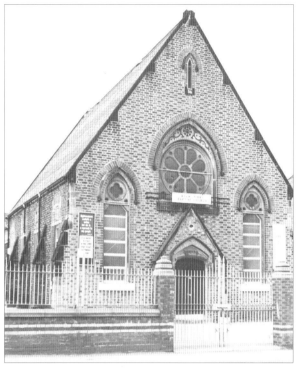

Capel Rock Ferry / The Rock Ferry Presbyterian Church of Wales.

*Parchedig Ddr / Reverend Dr
J. G. Moelwyn Hughes.*

Parchedig / Reverend Idwal Jones.

Pwyllgor Gwaith 'Yr Angor' / Executive Committee of the community newspaper, 'Yr Angor',
which serves the Birkenhead Welsh and Seion Chapel.
Back row (left to right): H. Wyn Jones, William Evans, E. G. Owen, Ken Williams,
Howell Jones, Walter Rees Jones, Ron Gilford.
Front row (left to right): Marian Prys Davies, Anne Jones, D. B. Rees, Mair Jones, Lois Murphy.

Cyfarfod Anrhegu y Parchedig a Mrs T. R. Wright / The members of Rake Lane and Salere
at the presentation to Reverend T. R. Wright and Mrs C. Wright.

Evan Jones.

Catherine and Tom Wright.

Parchedig / Reverend Glyn Tudwal Jones, Menna, Mrs Delyth Jones ac Alun.

Oedfa ar 5 Chwefror 2006 / A Service on 5 February 2006 at Seion, Laird Street.

Parchedig G. Tudor Owen a Mrs. Beryl Owen a'r ddwy ferch / Reverend G. Tudor Owen and Mrs. Beryl Owen and their daughters, Siân and Ann.

Dosbarth Ysgol Sul yr Ifanc / The Young People Sunday School Class, c.1972.

Teulu'r Mans / Delyth and Glyn Tudwal Jones, Menna and Alun.

Parchedig R. E. Hughes a Mrs. Jean Hughes /
Reverend R. E. Hughes and Mrs. Jean Hughes.

Parchedig / Reverend H. M. Pugh.

Parchedig / Reverend Isacc Parry.

Mr and Mrs J. Cynlais Evans.

Gwyliau yn Nhrefeca / Holidays at Trefeca.

Arweinwyr Henaduriaeth Lerpwl 1986-7 / Leaders of the Liverpool Presbytery 1986-7.
Back row (left to right): E. G. Owen, J. Tudor Owen, Dr. D. B. Rees, Revd. R. E. Hughes,
W. M. Evans, H. Wyn Jones.
Front row (left to right): H. R. Williams, Judge J. E. Jones and W. Elwyn Hughes.

DEATH OF MR. DAVID EVANS

Magistrate, ex-councillor and builder

A WELL-KNOWN builder in Birkenhead, a magistrate and an ex-member of Birkenhead Town Council, Mr. David Evans died in the Royal Alexandra Hospital, Rhyl, on Christmas morning at the age of 87.

Mr. Evans was for many years a leading member of the Welsh community in Birkenhead.

As a builder he was largely responsible for the residential development of the north end of the town and built part of the Manor Hill Estate, the other part being built by his son, Mr. John Cynlais Evans.

From 1923 to 1926 he was a Liberal member for Claughton Ward on the Town Council.

In 1926 he lost the seat by 63 votes to the Conservative candidate and it was not until this year that the Liberals succeeded in gaining representation in the ward again—the victorious candidate being Mr. Evans' grandson Mr. D. T. G. Evans.

HIGH SHERIFF

Mr. Evans became a Birkenhead magistrate in 1933 and was High Sheriff of Anglesey in the same year.

He had a house near Beaumaris and was a member of Anglesey County Council for some years.

Mr. Evans was a founder and ex-deacon of Laird-street Welsh Presbyterian Church. He was joint treasurer of the Royal National Eisteddfod of Wales, which was held in Birkenhead Park in 1917, and to which he presented the bardic chair.

In 1925, in commemoration of the Eisteddfod, he presented the Gorsedd Stone, which was erected in Birkenhead Upper Park and which a scheme has recently been launched to restore.

EYESIGHT FAILED

Failing eyesight caused Mr. Evans to restrict his activities and for some years he had been blind.

He was thrice married, the third time in 1949. About six years ago he and his wife went to Prestatyn to live.

Mr. Evans leaves a widow and three sons and three daughters. He had eleven grandchildren and two great grandchildren.

A funeral service is being held at Capel Ty Rhys, Llangoed, Anglesey, and will be followed by interment there today.

EVANS—December 25, peacefully, at the Royal Alexandra Hospital, Rhyl, aged 87 years, DAVID EVANS, J.P., of Rhiwias, Glyn Avenue, Prestatyn, formerly of Cynlais, Birkenhead, and of Penmon, late High Sheriff of Anglesey, the dearly beloved husband of Elizabeth and devoted father of his Children and dear dad of his Grandchildren. Funeral service, private, at the house; service at Capel Ty Rhys, Llangoed, Anglesey, to-morrow (Saturday) at 12 noon. No flowers, by request. All inquiries: Telephone Prestatyn 689.

DIED IN WALES

Former Liberal Member Of Birkenhead Council

Mr. David Evans, a Liberal member of Birkenhead Council for Claughton Ward from 1923 to 1926, has died in Wales, where he had been living in retirement since 1952. Aged 87, he was formerly a borough magistrate.

In his earlier days he was a prominent builder in the town.

Last May, his grandson, Councillor D. T. G. Evans, was the first Liberal to be elected to Birkenhead Council for many years—in the same ward as his grandfather.

Goleuad

PRESTATYN

Dydd Nadolig yn yr Ysbyty yn y Rhyl, hunodd Mr. David Evans, Y.H., a fuasai'n cartrefu ym Mhrestatyn bellach ers rhai blynyddoedd. Hanoedd ef o Langoed ym Môn, a buasai yn adeiladydd ar raddfa eang yng nghylch Birkenhead. Bu'n Flaenor am aawer o flynyddoedd yn eglwys Laird Street, yn Henaduriaeth Liverpool, a bu'n Uchel-Siryf, Sir Fôn. Rhai blynyddoedd yn ôl, pallodd ei olwg. Ond er gwaethaf y cyfyngu a barodd hyn ar ei weithgarwch, parhaodd yn hynod o fyw ei feddwl ac eang ei ddiddordebau ac yr oedd ei ysbryd yn hoyw ac yn nodedig o siriol. Gedy ñiaws o anwyliaid, plant ac wyrion a gorwyrion. Un o'i feibion yw Mr. Cynlais Evans. Llanfair P.G., Môn, a bu yntau yn Flaenor yn eglwys Laird Street, ac sy'n awr yn Flaenor yn eglwys Llanfair P.G.

Capel Laird Street / Laird Street Chapel.

Capel yr Eglwys Fethodistaidd / Welsh Methodist Chapel of Noddfa, Bebington.
(Llun/Photograph: E. Emrys Jones).

Capel West Kirby / Welsh Presbyteriau Chapel at West Kirby.
(Llun/Photograph: E. Emrys Jones).

Capel Ellesmere Port / Welsh Presbyterian Chapel of Ellesmere Port.
(Llun/Photograph: E. Emrys Jones).

Dosbarth Ysgol Sul y Plant, c.1970 / A Children's Sunday School class, c.1970.

Ysgol Sul Cyd-enwadol Pe nbedw / The Interdenominational Welsh Sunday School of Birkenhead.

Swyddogion ac Athrawon yr Ysgol Sul / Sunday School Teachers and Officers.

Mrs Elfed Owen a'i dosbarth Ysgol Sul / Mrs Elfed Owen and her Sunday School class.

Teulu yr Arglwydd Evans o Claughton / The family of Lord Evans of Claughton.
Lord Gruffydd Evans, Lady Moira Evans, Sarah, David, Elizabeth and Jane.

Cyfarfod (14/5/87) i ddathlu chwarter canrif ffurfio eglwys Salem. Walter Rees Jones
yn cyflwyno'r dysteb i J. Tudor Owen / Celebrating 25 years in the life of Salem.
Walter Rees Jones presenting a testimonial on 14/5/1987 to J. Tudor Owen.

Capel Laird Street yn y Pumdegau / Laird Street Chapel in the 1950's.

ALPHA AND OMEGA:
Welsh Presbyterian witness in Laird Street, Birkenhead 1906-2006

D. Ben Rees

Modern Welsh Publications Ltd., Liverpool,
on behalf of Seion Presbyterian Church of Wales,
Laird Street, Birkenhead

2006

First edition: June 2006

Presented to J. Tudor Owen, FCA,
who has been a tower of strength in the life
of Welsh Presbyterianism in Birkenhead
since his youth.

ISBN 0 901332 73 9

Published by
Modern Welsh Publications Ltd., Allerton, Liverpool 18,
and printed in Wales by Dinefwr Press,
Rawlings Road, Llandybïe,
Carmarthenshire, SA18 3YD.

Contents

Author's Acknowledgements

I would like to thank the elders and members of Seion Chapel who asked me to write this bilingual history and to all those who have helped me to make this book possible, especially Miss Iris Hughes Jones, Mrs Marged S. Jones, Reverend Glyn Tudwal Jones, Reverend T. R. Wright, Lady Moira Evans, Mrs Eunice Powell, and in particular Mr and Mrs Hugh Evans who provided me with an excellent set of Chapel Reports. Without them I would have been in dire straits. Reverend Eleri Edwards has been helpful with the first draft and Sarah Evans completed the two versions, and Reverend John G. Morris, minister of Tŷ Rhys Chapel, Llangoed, provided information on the background of David Evans in Anglesey. Dr W. R. T. Pryce, Cardiff, has been so generous with his time in his suggestions which has made the story even more important. Diolch o galon.

Chapter 1

The care of Parkfield Road Chapel for the Welsh people

The Welsh have played an important part as have the Scots in the story of Birkenhead.[1] Around 1713 the land on which Birkenhead has been developed became owned by a clever entrepreneur, John Cleveland, a rich capitalist in Liverpool who became Member of Parliament for the town. His daughter Alice married a Welshman from Flintshire, Francis Price of Bryn y Pys, and the inheritance later came down to his grandson Francis Richard Price.[2] After his death the land was sold as a site for a small town by the River Mersey, opposite Liverpool. But the name of the Welshman has been immortalized in one of the chief streets of Birkenhead: Price Street.

The population of Birkenhead was small in 1801, only 177 inhabitants. But it soon grew: a population of 177 in 1801; 300 in 1821; 8,000 by 1841; 51,649 in 1861; 84,006 by 1881; 110,915 in 1901; reaching 147,946 by 1931.

The Price family of Flintshire was the main reason for attracting Welsh people to Birkenhead. They arrived in substantial numbers between 1856 and 1901.[3] They were fortunate in their early leaders, in particular, Richard Williams, and they built the first Welsh Calvinistic Methodist Chapel on a piece of land in Camperdown Street and Hamilton Street and the task of completing the building was achieved in May 1837. The denominational pride in building their own chapels took hold of the new arrivals.

Welsh Wesleyan Methodists began to arrange religious meetings in Lower Tranmere in 1838; the Welsh Baptists in Price Street by the summer of 1839; and the Welsh Independents in a dwelling house in Albion Street by 1842. All these gatherings became, within a few years, individual chapels. By 1847 the cause in Camperdown Street had enough confidence to call a young man in the person of John Ogwen Jones from the University of London to be their minister.[4] The Welsh were moving in their hundreds to Birkenhead so that soon the Camperdown Street Chapel was far too small to accommodate all the members. So they bought a piece of land in an attractive part of Birkenhead in what became known as Parkfield Street to build a new chapel.

The opening of this new meeting house was marked by a series of services held during the last weekend in October 1859. Versatile preachers of the denomination who came to preach in Welsh included the Reverend Henry Rees of Chatham Street, Liverpool; Dr Owen Thomas of London; Reverends John Phillips, Bangor; David Jones, Caernarfon; John Pritchard, (the historian) from Amlwch; and in English the Baptist minister from Liverpool, Hugh Stowell Brown. The Reverend John Ogwen Jones did not stay long in his ministry and he was followed, in January 1862, by the Reverend Joshua Davies. The membership of Parkfield Chapel then stood at 249 and was growing yearly.

But the north end of town was also attracting a large number of Welsh-speaking settlers and they felt that the walk three times on a Sunday to and from Parkfield Chapel was too exacting. They argued that they should have a Sunday school nearer to their homes. One has to remember that for most of them the journey to Parkfield was only 1.5 miles but having to go three time on a Sunday adds up to some 9 miles – hence their concern to reduce the journeys. In consequence under the guidance of Parkfield Chapel a Sunday school was started in 12 Brassey Street in 1863.

This street like Vulcan and Bertha Street were comparatively new developments and the houses were well populated by the Welsh. During this time there was also a request to establish a Sunday school in the Rock Ferry area, to be located in a schoolroom at the corner of the New Chester Road and Wellington Street. As it turned out, this experiment proved to be much more successful than the Brassey Street scheme. Within three years Rock Ferry members had established a new chapel when at least forty members from Park-field Chapel left to form the nucleus of another Welsh Calvinistic Methodist Chapel.

We had to wait for the district around Brassey Street to be further developed, in particular during the 1880's, to see the same success. The Welsh came in large numbers and the efforts increased under the guidance of Griffith Rees who was greatly enthusiastic.[5] Under his leadership, the elders of Parkfield Road Chapel bought a piece of land in Laird Street to build a new meeting house for the Welsh who had settled in Brassey Street and its environs. This new build-ing was opened in March 1899 when the Sunday school scholars at that time included 63 adults. This was to grow by 1904 to 94 adults. By then, a pattern had been established involving three meet-ings on a Sunday and during the enthusiasm of the Evan Roberts Religious Revival, they felt the need for a further new Welsh Pres-byterian Chapel in Birkenhead.

On 14th March 1904 this new Church was formed with 55 new members.[6] By the end of the year, membership had increased to 114. Many of these had been attending the Sunday School. Others came later into the net of the Gospel during the visit of the revivalist Evan Roberts himself to Birkenhead in April 1905. The foundation stone had been laid down on Saturday 16th December with the Reverend Thomas Gray, minister at Parkfield Road Chapel and a leader in his denomination presiding. That weekend the services glorified God as a new chapter in the history of Calvinistic Methodism opened on the banks of the River Mersey. Amongst the preachers, there was one minister unknown to the Birkenhead

Welsh: he was the Reverend Simon G. Evans from the Lleyn Peninsula, a man that we will mention again in this chapter. He had come under the influence of the Religious Revival in Pwllheli and his sermon made a lasting impression on the faithful members of Laird Street just before Christmas 1905.

The architect of the new building was Owen Roberts of North John Street, Liverpool and the builders were Welshmen from Birkenhead, every one of them a member of the Building Committee of the Laird Street Chapel [in Birkenhead], Owen Jones, Robert Roberts, William Thomas and David Evans. The cost of the building amounted to £1,400 but the funds received on Saturday 16th December 1905 amounted to £233.18s.6d, as well as £780.17s.9d already collected. This left a debt of £600 on the new chapel. The new elders had been elected before the foundation stone was laid. The four that gained the support of the congregation included David Evans, Cynlais, a very important pioneer in the story of Laird Street. The other three were William Jones (Conway Street), John Morgan (Curzon Avenue) and Edwin Roberts (Craven Street). The chapel was officially opened at the beginning of April 1906 with a series of sermons from Thursday 5th April to Sunday 8th April 1906.

The honour of preaching on this important occasion was extended to two Welsh Presbyterian ministers from Liverpool. The Reverend Owen Owens, minister of Anfield Road Chapel, and the Reverend John Hughes, MA, Minister of Fitzclarence Street Chapel, Everton, was another. With these, three prominent ministers from Wales, the Reverend Dr Cynddylan Jones, Cardiff, on the Friday; and on Saturday and Sunday, the Reverend W. R. Owen and Dr Thomas Charles Williams of Menai Bridge.[7]

The next step was to extend an invitation to a minister to look after the new chapel. They decided to ask the Reverend Simon G. Evans, BA, of Pwllheli, who had been a guest preacher at the services for laying the foundation stone in December 1905. He was a man who had been influenced by the Religious Revival of 1904-1905, a wise pastor, and a versatile preacher. His induction services were held on 18th September 1906, and by 1908 the chapel had built further accommodation, a vestry and other rooms at the cost of £500. One could not wish for more. The new Chapel of Laird Street had much going for it and Parkfield Road Chapel could now leave one of its daughter churches to face its task all on its own.

Chapter 2

The young cause in the post revival period and during the First World War

The new young minister was very satisfied at Laird Street Chapel, one of two Welsh Presbyterian religious causes in Birkenhead that had come through the Revival experience. There was constant singing and praying to be heard there. Prayer is the appointed means for all of us to receive God's blessings. 'When you pray, do not use vain repetitions as the heathen do . . . For your Father knows the things you have need of before you ask Him' (Matthew 6:7-8). William Cowper has expressed this sentiment appropriately:

> Prayer makes the darkened cloud withdraw,
> Prayer climbs the ladder Jacob saw,
> Gives exercise to faith and love,
> Brings every blessing from above.

Birkenhead was now a growing town and one of the elders of Laird Street Chapel, David Evans was extremely successful in the building trade.[8] Young men from Wales, and in particular, from Anglesey, came to work for him and to live in the area and transferred their religious membership to the new chapel. The Chapel grew rapidly in numbers during the ministry of the Reverend Simon G. Evans. The membership in 1908 was 185 but by 1913 it had increased to 197. In that year the Reverend Simon G. Evans resigned as a minister to become a medical practitioner. He followed courses at the University of Liverpool and after successfully completing his studies he came back to Birkenhead as a General Practitioner. To his credit he now became a member of the Chapel where earlier he had been a minister. Later he was appointed as an elder.

The successor to Simon G. Evans was the Reverend T. J. Rowlands, formerly minister at Libanus Chapel, Llanfechell, and at Jeriwsalem at Mynydd Mechell in Anglesey. He came to Laird Street at a difficult time, the beginning of the First World War, an era that brought divisions to every chapel. There was a long tradition of pacifism in Welsh nonconformity but many of the leading Nonconformist ministers delivered speeches defending the war as a Just War. The Laird Street Chapel at Birkenhead had an advantage when men and their families migrated to the town for war work. The Reverend T. J. Rowlands had come to a flourishing, wealthy chapel, in particular through the guidance of David Evans, Cynlais, Upton Road, Birkenhead. He contributed substantially to every collection that had been arranged. Besides the Collection for the Ministry, there was the Annual Preaching Service Collection and the fees for the family pews. There were also collections in 1915 for the Forward Movement, for the Hospital, for the Poor, for the Bible Society. There was a collection towards the welcome meeting for the minister and his wife, the Loan Fund, the Foreign Mission, the Prince of Wales Fund (David Evans and his wife gave £10 out of the total of £17 raised for this particular fund) and a collection to aid Refugees from Belgium. Thirty-two members contributed to this latter fund but the total raised amounted to only £3.5s.6d but David Evans remembered his obligation as he did to the Fund for English-speaking Chapels and for a collection for the new Welsh Calvinistic Methodist Chapel in Wolverhampton and to the Harvest Thanksgiving. Mr and Mrs David Evans gave £10 to the Harvest Thanksgiving collection, a sizeable amount, as the total collection amounted to only £16-12-7. The only collection that, for some unknown reason, he forgot was towards Bala Theological College which prepared young men for the Christian Ministry.

The Reverend T. J. Rowlands was quite content at Birkenhead though there were horrific scenes of destruction for large parts of Europe on the horizon. These are his commendable words: 'We have excellent congregations in the different meetings of the Church. There is a special atmosphere to the ministry on Sundays and inspiration in the Prayer Meeting and the Society.' Even so, he had two complaints. The Sunday school did its work quite efficiently but it needed to be much stronger in terms of numbers. Rowlands felt that two main weaknesses were: this potential weakness of the Sunday school, and a reluctance to arrive on time for the services. There were 67 adults attending the Sunday school. These adults were being catered for by 9 teachers; and that there were 47 children attending the Junior Sunday school under the supervision of 8 teachers making a total of 131.

The Laird Street Chapel took an active part when the National Eisteddfod of Wales was held within a stone's throw at Birkenhead Park in 1917. This Eisteddfod turned out to be one of the most famous ever held because on 6th September 1917 a shepherd from Trawsfynydd, Ellis Humphrey Evans, better known by his bardic name of Hedd Wyn, won the Chair for an ode to *Yr Arwr* ('The Hero'). He was the son of Ysgwrn farm, Trawsfynydd, in Merionethshire and had earlier been killed on 31st July 1917 when fighting with the 15th Battalion of the Royal Welsh Fusiliers in the Battle of Pilkem Ridge. Ellis H. Evans was one of many young soldiers killed on that first day of battle; and because the winning bard had been killed the Eisteddfod Chair was covered with a black cloth, the Eisteddfod becoming known later as 'Eisteddfod y Gadair Ddu'.[9]

There was a strong connection between Laird Street Chapel and the Birkenhead National Eisteddfod Chair. It was through the generosity of David Evans, elder, builder that the local Eisteddfod committee were given the means to plan such a splendid eisteddfodic chair. J. H. Jones, who later became an elder at Laird Street, was editor of the weekly Merseyside-based Welsh paper, *Y Brython*. He was given the task of inviting Eugene Van Fleteren, a refugee from Belgium, but who now lived in the town, to prepare a substantial, beautifully constructed, oak chair for the winning bard. David Evans was Chairman of the Building Committee for the Eisteddfod and this chair he gave was worth more than a hundred guineas at that time. It was stated in the *Y Brython* on 20th September 1917 that this Chair was one of the best ever presented to any Eisteddfod.

J. H. Jones became a very close friend to Eugene van Felteren, who described his background as follows:

> I am a Belgian, chased with wife and family from my home and country, and anxiously awaiting the day when the Huns will be driven back to the other side of the Rhine. Before the War, I lived at Malines, where I had a flourishing business in woodwork of art – furniture and every other kind of work in which carving forms the most particular part.[10]

Van Fleteren returned to Belgium in 1919, and he died in Mechelen on 16th February 1950. The Ysgwrn family was represented at the Eisteddfod by R. W. Edwards, 8 Woodsorrel Road (a member of Parkfield Road Chapel) known by his bardic name of 'Rolant Wyn'. He was a cousin to the dead soldier-poet's mother and he took charge of the large, heavy, oak bardic chair that had been won by the late Hedd Wyn.

He sent a letter to the family in Wales on the 10th September 1917, translated here from the Welsh, stated:

> I intend to come with it – that is, to Trawsfynydd – on Wednesday. I do not know for certain what train yet, but most probably the 12.55 from Birkenhead which should arrive

there at 6.20. You will, no doubt, arrange for some carriage to carry it from the station, as it is so heavy. Also, you will arrange for a place in the village to store it till after the meeting, and not allow everyone to stare at it, for the public will have the opportunity of seeing it in the Hall.

I regard it a sanctified Chair worth the blood of one of Wales's most remarkable sons.[11]

I disagree with Rolant Wyn's last sentence. There is no Chair worth the blood of the shepherd son from Ysgwrn even a Chair as beautifully crafted as this one, through the efforts of David Evans and J. H. Jones and with so many associations with Laird Street Chapel. The poets on the day sang of the loss and the pain; poets including the poet-preacher Evan Rees (Dyfed); the socialist Reverend Silyn Roberts; the Welsh poets of Liverpool, such as the Reverend J. O. Williams (Pedrog); and lesser known poets like Robert Parry (Madryn) of Bootle. The saintly independent minister from King's Cross Chapel, London, the Reverend Elvet Lewis (known simply as Elfed) sang lyrically, as did the bohemian poet, Dewi Emrys, who won the Eisteddfod Chair when a later National Eisteddfod came to Liverpool in 1929. Undoubtedly, the most poignant brilliant poems of *englynion* were prepared by that out-standing man of letters, R. Williams-Parry. To the writer Hedd Wyn himself captured the futility of the war in an *englyn* of a friend who also had been killed tragically on the battlefield. The young poet Hedd Wyn insists that the sacrifice will not disappear; nor his endearing face be forgotten though Germany has stained her hand of steel in his blood:

> *Ei aberth nid â heibio – ei wyneb*
> *Annwyl nid â'n ango;*
> *Er i'r Almaen ystaenio*
> *Ei ddwrn dur yn ei waed o.*

118

The poems of Hedd Wyn were collected and published in 1918, under the title *Cerddi'r Bugail* ('The Poems of the Shepherd'). Copies of the book were sold in Laird Street Chapel and throughout the Welsh communities on Merseyside.[12]

At the time that this news had been received it came out that the Reverend T. J. Rowlands was leaving Laird Street Chapel and transferring his energy and his talents to the Anglican Church in Wales. He left the Manse, 320 Park Road North, Birkenhead in September 1918, for Anglesey. Laird Street Chapel did not take long to find a successor. At the beginning of the summer of 1919 the Reverend Hugh Morgan Pugh, from Bethlehem Welsh Presbyterian Chapel, Colwyn Bay, came to minister to the flock of Laird Street. So began another short chapter but an extremely successful sojourn for the Reverend Pugh in North Birkenhead.

Chapter 3

The ministry of H. M. Pugh
(1919-1923)

Laird Street Chapel moved without hesitation to find a successor to the Reverend T. J. Rowlands. At the beginning of summer 1919 the Reverend Hugh Morgan Pugh from Bethlehem Presbyterian Church of Wales, Colwyn Bay came to minister at Laird Street Chapel. It was a period of growth for the cause, as these statistics indicate:

	1918	1919	Increase
Number of members	325	282	47
Number of children	90	104	14
Number in congregation	352	426	74
Collection for ministry	£220-7-6	£296-15-1	£26-7-7
General collection of the congregation	£26-15-0	£ 62-4-0	£35-9-0
The Pews Levy	£51-17-0	£53-0-6	£1-3-6
Connexional Collections	£36-7-7	£43-9-11	£7-2-4
Total of other collections	£164-18-7	£186-3-9	£21-5-2
Total of all collections	£500-5-8	£641-13-3	£141-7-7

In the first year of the ministry of the Reverend H. M. Pugh there was growth in every aspect of the work including the Sunday School.[13] There was a substantial increase of 46 in the number of those who attended the afternoon session of the Sunday School and an increase of 22% in the average attendance. It is of interest to read the notes of the new minister expressing his gratitude for the contribution of the young people:

The most inspiring aspect of the Sunday School is the existence of the Young Men's classes – mainly made up of the soldiers who have returned from the War.

We did not experience the same phenomenon in Welsh Chapels after the atrocities of the Second World War.

One thing was evident, namely the missionary enthusiasm that came from the attitude and activities of the Minister. The Reverend H. M. Pugh could see the potential and the harvest of souls around him. This was his rallying call in his first year as pastor of Laird Street Chapel. He maintained:

There are to be found in north Birkenhead dozens of Welsh people that do not attend any place of worship – we must go out to the highways and by-ways and invite them to come in. The Church of Christ is a missionary Church. We have a large area and a wonderful opportunity to witness to the Gospel.

This was so true. A *Pwyllgor Croeso ac Ymweld* (A Committee for Welcoming and Visiting) was established to seek and invite apathetic members of the Welsh-speaking population to join the chapel. The result was phenomenal. The membership of Laird Street Chapel increased in 1920 to 344 members. At the end of 1919 there had been 282 members on the membership roll of the Church: therefore, there was an increase of 62 adults in one year.

The congregation at Laird Street on Sunday evenings was too big for the Chapel itself. The minister and the elders decided to add a wing to the building which would include room for an additional 80 people. The generous David Evans, Secretary of the Chapel, was once again, generous. He offered to give as a gift the comfortable house that stood next to the Chapel. Number 4 Laird Street was valued at £4,000 on the open market, equivalent to £120,000 in 2006. He offered the house as a gift to the Chapel on the understanding that the members would clear the debt of £500 on the main building. Thus in 1920 they collected the grand sum of £971.12s.9d. and the new additional wing to the chapel was built by the Birkenhead House Construction Company who charged only the costs of wages and materials – not taking any profit.

With one exception all the young men who had been in the war returned without any cause for concern, except for Private J. T. Evans, 36 Thorneycroft Road, who died in 1919. The Laird Street Chapel was in every way a Church of the Revival. The endearing spirit of the Revival was often felt in the Sunday services. The community was well described by the Reverend H. M. Pugh in 1920 when he stated (translated here from the original Welsh):

> The Church of Laird Street is a young vineyard: it was established only fifteen years ago. Young families and a crowd of young men and women full of energy and rich in talents and resources, as well as over a hundred children, make up this Church. A large number of appreciative minds, young and desiring more hope and fulfilment for their souls are there.

The minister could look forward with certainty to the future:

> The Church in Laird Street has great promise ahead of it and large work to achieve. They need to clear the financial debt to fund an extension for the growing congregation to worship in; to win backsliders to Christ and to accept him as well as to serve him; to raise the banner of temperance; to bring the children and young people more and more under the influence of the Cross, to bring the message of the church to the Sunday School and to proceed together to perfection.

Laird Street Chapel was a hive of activity and every meeting had been arranged carefully. The Financial Committee, and the Foreign Mission were both active, so were the Literary Society, the Band of Hope, and the courses in the Welsh Language, as well as the Bible Study sessions. There was a meeting every night of the week except on Saturdays. Sunday was a very full day. This was the pattern:

9.45 a.m.	A Prayer Meeting
10.30 a.m.	Morning Service
2.30 p.m.	Sunday School
6.00 p.m.	Evening Service
7.30 .m.	A Music Meeting

This meant, for the real activists, at least five and a half hours within the walls of the chapel. For the rest of the week they held these meetings:

Monday nights: 6.30 p.m. Welsh Language Classes, 7.30 p.m. Prayer Meeting, 8.30 p.m. A Reading Class – all led by the Minister

Tuesday nights: The Communicants' Class was held regularly for three to four months starting at 6.30 p.m. under the care of the Minister and Mrs R. M. Maddocks, 21 Primrose Road.

Wednesday at 7.30p.m. the Literary Society and the Young People's Meetings were held on alternative weeks between September and April.

Thursday at 6.30 p.m. – Classes for the children usually to prepare them for the Presbytery Sunday school Examination, followed at 7.30 p.m. by a Church Meeting concentrating on their personal spirituality.

Friday at 6.30 p.m. the Band of Hope, (*Y Gobeithlu* / 'The Place of Hope') would be held followed at 7.30 p.m. by the Musical Society

Without doubt, this was the golden age for Laird Street Chapel and this was true, also, for of all the Welsh Chapels on Merseyside. Clearly, many gave their whole leisure time to the religious cause. The notable contribution of Miss Lizzie Roberts, LRAM, of Glas Fryn, Upton Road, serves as an example of this commitment. Her father, Robert Roberts, was the Treasurer of Laird Street Chapel while her mother was a Sunday School teacher with the children, and very willing to entertain visiting ministers in the month of July. But her daughter, Lizzie Roberts, was exceptional in her dedication. She played the piano in the Sunday School and the organ in Chapel. She was a member of several committees; the Foreign Mission, the Literary Society, the Music Committee and Secretary of the Young People's Committee, (the 'guild' as they called it) and she was a member of the Band of Hope Executive Committee. Like her mother she was a Sunday School teacher with the children. In addition, as vice-president of the Young People's Society she helped to raise money in 1920 towards the costs for the new Chapel wing.

But she was not unique in her commitment. Others, for example, included Miss Eunice Thomas, Treflyn, in Cavendish Road, Birkenhead. Her father, William Thomas had been an elder since 1912 and Treasurer of the Church, and her mother had served on the Foreign Mission Committee as well as being Treasurer of the Band of Hope. Mrs Thomas also welcomed visiting ministers for a Sunday or a weekend in November. But Eunice Thomas was involved in virtually every possible activity held in the Chapel: accompanist in the Sunday Services, as well as in the Sunday School; a member of the Music Committee; and the Executive Committee of the Literary Society; a member of the Young People's Committee, as well as the Band of Hope; and a tutor for the Welsh Language classes for adolescents between 12 and 14. She was in charge of a Bible class and as mentioned earlier a teacher in the children's Sunday School. In 1919-20 she was Secretary for the Visiting and Welcoming Committee which was very successful in contacting new Welsh people in the locality and inviting them to attend the services and the meetings. They had nine subcommittees and a secretary to every group and Eunice Thomas was General Secretary of the Committee to bring them all together every three months. She and her parents make the backbone of the second group. But her mother was so enthusiastic that she volunteered to be member of the ninth group.

In 1921 the Reverend H. M. Pugh had a remarkable harvest in the christening of small babies. He baptised 18 babies thus initiating them into the life of the Church. In time their members would strengthen the Band of Hope and the Sunday School. The years following the First World War were not easy in society, nor in trade and industry. In 1921 due to economic conditions on Merseyside forty members left, many of them returning to live in Wales. And yet, despite this depression, there were more Welsh people joining than leaving Laird Street Chapel. At lease 44 new members arrived through the membership transfer system (issuing a ticket) from other chapels, as well as seven who had came 'from the world' as they were known ('o'r byd'). The number of communicants at the end of 1920 was 344 members.

Amazingly, the Chapel lost only one through death: he was a child aged 14 months old with, for a Welsh family, the unusual name of Thomas Peter Deering. In 1921 there were 355 members on the communicants' roll, the largest number that had ever belonged to Laird Street Chapel. In that year the Chapel lost one of it's outstanding leaders when David Evans and his wife on retirement decided to move to Penmon in Anglesey, becoming an elder at Capel Tŷ Rhys in Llangoed.[14] He had been an anchor to the Cause of the Presbyterian Church of Wales, and to Welsh life in Birkenhead in general, faithful in all his contributions and extremely generous. He was given a Testimonial, which later became a tradition in Laird Street.

New elders were elected during the ministry of the Reverend H. M. Pugh, namely the medical practitioner, Dr W. A. Owen, William Edwards, of 140 Park Road North and Mr O. C. Roberts, who lived at 74 Upton Road, Birkenhead.

It is interesting to note that Mr R. Edwin Roberts, 1 Laird Street, the son of the chapel caretaker Mrs Ruth Roberts, went out as a missionary to India in November 1921 under the auspices of Thado Kuke Pioneer Missionary Society. Why did Mr R. Edwin Roberts and his wife decide on such a venture? He could have been a missionary within his own denomination in North East India. This remains a mystery and until the present writer undertook the task of writing on the history of Laird Street his existence was unknown. In consequence, *Llestri Gras a Gobaith* (Liverpool 2001) or the English edition *Vehicles of Grace and Hope* (Pasadena California, 2003) which record details of Welsh missionaries in India between 1840 and 1970 has nothing on R. Edwin Roberts. By now, that omission has been rectified.

Early in 1923 to the great disappointment of the eager young congregation, the Reverend Pugh decided to change his pastoral and preaching commitments, after a comparatively short period in Birkenhead. He moved across the Mersey River to the Anfield area of Liverpool taking care of the congregation that met in Bethlehem Welsh Presbyterian Chapel in Douglas Road, Liverpool. He had been a very active minister and had been commendable to his flock at Laird Street Chapel in Birkenhead. A pastoral committee was immediately chosen to search for his successor but the task was to prove to be much more difficult than had been envisaged.

Chapter 4

Difficult Years For Laird Street

In their review of the year at the end of 1923 the elders underlined the difficulties confronting the Revival Chapel. The Reverend H. M. Pugh had left. In the general exodus that had taken place only 16 new members were received in 1923 against 103 that had left: but they therefore lost 103: 55 through movement to other chapels, 3 through death and 45 who left without any transfers. This was the comment of the four elders:

> We had heavy losses during the year; some families left for Wales, others went over the oceans. We feel forlorn without them and we pray for the care of God over them in their new homes.

This had become difficult for the chapel which had come into existence in the enthusiasm of the Revival. But at least the Pastoral Committee were able to call a minister in the person of the Reverend Robert Williams, BA, Llanllechid, who began his ministry in March 1924. The task before him was huge. In his first address he showed optimism and he expressed gratitude for their decision to call him from Caernarfonshire to the banks of the River Mersey. In Welsh he had a distinctive style of his own and he pleaded with the members to bring up their children in the heritage of the Faith. He thanked the teachers of the Sunday School and the Band of Hope for their efforts, adding that he felt they deserved special praise:

'The young people are obedient to every invitation and faithful and we are a fortunate in having such a large number amongst us'.

Among these were the young people that had been attracted to support the Drama Group that had been established at the chapel. This Drama Group was a tremendous asset that was very generous to chapel funds in its first year. They gave the sum of £51-10-0 towards meeting the outstanding debt of the buildings. In the 1920s Amateur Dramatic companies were well established on Merseyside as they were in the Welsh communities. There were at least thirty drama societies amongst the Welsh chapels of every denomination. The Reverend Robert Williams appreciated this substantial contribution from these societies, stating that there was an effort to keep the 'members from the evil in the world . . . to keep you in connection with the church of the living God'.

The minister was pleased by the large congregations that were seen at morning and evening services, in Laird Street Chapel. The children received Religious Knowledge in the Sunday School, and in the Band of Hope. In 1926 two well-known men were elected as elders, namely the first minister of the chapel, Dr Simon G. Evans, Cavendish Mount, Park Road North (mentioned earlier in Chapter 1) and the journalist J. H. Jones, editor of *Y Brython*.

In 1925, the Welsh people of Birkenhead, members and supporters, raised the sum of £563-15-9 towards the reduction of the Chapel Debt Fund. The wealthy Calvinistic Methodist leader, O. C. Roberts, Bryntirion, Bidston Road, donated the sum of £100. Amongst the contributors was John Hughes, Moneifion, Wavertree (an elder in Webster Road Liverpool and Heathfield Road) and his contribution was £5.

Even though it had lost so many members the Chapel in Laird Street kept its witness. The optimism of the minister came through in every aspect of the work. The only complaint of the minister was that some of the members did not arrive in time for the service: 'Come to sing the first hymn' he said. At this time one of the young men, Michael Parry, 55 Kingsley Road (a native of Llannerch-y-medd), was in Clynnog Preparatory School preparing for the ministry of the Presbyterian Church of Wales. He became the Superintendent of the Sunday School in 1925. Later, he was to become a very well known name as a compère at the National Eisteddfodau. He spent most of his life as a minister amongst the London Welsh.

The year 1927 proved to be extraordinary for a number of reasons. No one died during that year, the first year for this to happen since the chapel had been opened in April 1906. In addition the Chapel admitted more young people to full membership than they had in all its history, a total of sixteen young people. The total membership of the chapel at the end of 1927 was 37 more than at the beginning of the year. Amongst the four christened that year we find the name of David Alan Price Evans, the son of Mr and Mrs Owen Evans, Corbri, Shamrock Road. He was christened by the Reverend Robert Williams on Sunday 15th May 1927. Today, he is regarded as one of the most knowledgeable medical men of his time: Emeritus Professor David Alan Price Evans and a valuable member in Liverpool at Bethel.

The Chapel lost one member in 1928; Miss Elizabeth Williams, Lorner Road. She spent over thirty years in the service of two families: Mr and Mrs Edward Smallwood, Wallasey, and Mr and Mrs Frank Lloyd, Claughton. She was an honest, gracious person from the mining village of Rhosllanerchrugog who appreciated the services and, in particular, the prayer meetings and the Seiat. These two meetings were becoming unpopular even in a chapel that had been opened as a result of the extraordinary Welsh Revival of 1904-5. This was to be very much a sad aspect of the revival that increased as the years went by. Today, none of these meetings are held on week-day evenings.

Amongst the eight babies baptised in 1928 we see on 1 April, the name of David Thomas Gruffydd Evans, Derw Cottage, Ashburton

Avenue, the son of Mr and Mrs John Cynlais Evans. Cynlais Evans was the son of the pioneer David Evans and his wife was a cultured woman, who came from Cardiganshire. Mrs Evans was extremely supportive in her role as Secretary of the Chapel Missionary Society Committee. We will mention David Thomas Gruffydd Evans later in this book: he is a very significant figure and was a member all his life.

The Reverend Doctor Simon G. Evans was amongst those who died in 1928. He was a significant person in the story of Laird Street: an able person, mature in his opinions and a good reconciler. He made everyone feel at home. He was a fine minister and a dedicated medical practitioner in Birkenhead.

In 1928 the Church elected two new elders, namely Arthur J. Roberts, Haldane Avenue and O. C. Roberts, Bryntirion. Unfortunately, O. C. Roberts moved to Liverpool where he was again made an elder, this time at Belvedere Road Welsh Chapel.

But in October 1928 the Chapel was to feel the great loss at the departing of their Minister when he moved to be the pastor of Engedi Presbyterian Chapel in Caernarfon. At the end of his ministry Laird Street numbered 348 members.

Next year in January 1929 there was another loss when one of the enthusiastic listeners to the Word of God in Laird Street, Ezra Bellis (1849-1929), of Elvet Street, died. He was a native of Flintshire who had heard many pulpit giants. Bellis had heard the Reverend Dr Owen Thomas, Princes Road, Liverpool, and Dr John Hughes, Fitzclarence Street. It was said of him that 'Sermons offered him comfort and joy in the years of his fraility.'

For two years the Church was without a pastor and often one senses a longing for the return of the Religious Revival that had brought the community into existence originally. This was expressed on St David's Day in 1930:

This Church came into existence when the fire of the 1904-5

Revival was sweeping the land. Some of its heat and its flames have survived in the memory and heart of the members till today. Their prayer as well as ours is for all of us to be re-charged by the source of all Revivals so that the divine flame can give us success and joy.

In its original Welsh form, the present writer senses the style of J. H. Jones. He had his own distinctive style as a writer as we find when we read old copies of the weekly newspaper, *Y Brython.*

A testimonial was given to Mrs R. O. Williams, the organist as well as precentor, E. Tomley Evans. The organist received £13-6-6 and the precentor £6-11-0. The carol singers was an official group within the chapel and they raised money towards the Liverpool Welsh Radium Fund and amongst those, who were most generous, was a scholar associated with the University of Liverpool, Professor W. Garmon Jones and his wife Eluned, the daughter of the dis-tinguished Welsh mediaeval historian, Professor John Edward Lloyd and his wife. Professor Garmon Jones, who lived in Park Road, was an elder in Parkfield Welsh Chapel.[15] They both contributed five shillings to the carol singers. The year came to an end with the message of the Babe in Bethlehem.

Chapter 5

The Ministry of the Reverend Isaac Parry

In October 1930 the Reverend Isaac Parry began his ministry to the delight of the faithful members of Laird Street Chapel. He was regarded as one of the colourful characters of the Welsh Nonconformist pulpit and a master of the art of preaching.[16] His sayings are still heard from the lips of the Birkenhead Welsh. In the 1930s, the Liverpool Presbytery would ask one of its ministers to spend a month caring for the Welsh chapels in the north east of England, at Middlesborough, Spennymoor or in Sunderland. After coming back from such a duty, Isaac Parry said to a gathering on Merseyside: that he had heard of *Alice in Wonderland* but now he could speak of *Isaac in Sunderland*.

Isaac Parry had a gift that enabled him to persuade and encourage. Soon after he arrived he praised those who attended the weeknight Prayer Meeting which he regarded as a symbol of the hope of the Church. This is his praise, albeit in translation: 'This meeting is indeed a means of grace, and I have not yet in any place attended a prayer meeting which is so inspiring as this one.'

He regularly praised the young people, which had been a regular theme of with his predecessors. It was an uplifting gesture on his behalf for, as we saw earlier, Laird Street Chapel was beginning to experience a slow decline at the time when Isaac Parry came as their minister. By the end of 1930 there were 306 members, 40 adherents and 88 children. The Chapel lost 18 members to other churches; 15 left without any transference and two were lost through death, adding up to a total of 35. On the incoming side the Chapel gained 15 from other churches, two from the world, a total of 17. The Sunday Schools were still quite flourishing, with 139 in the Adult Sunday School and 82 in the Children's Sunday School, assisted by 19 teachers. In 1931, Laird Street Chapel lost one through death, namely J. E. Roberts, St Andrew's Road, a serious-minded and knowledgeable person in the Scriptures.

From the pen of the Reverend Isaac Parry one heard for the first time in Laird Street the importance of speaking the Welsh language, the language of worship in the Church. He charged the parents of the children to speak Welsh in their homes for the benefit of the children. His advice to them was this: 'Let us ensure that every child in Laird Street becomes a thorough Welsh speaker.'

One elder was chosen as a leader in 1931, Hugh Williams, 11 Scots Place. This was an important year, for a Good News Pageant was held at St George's Hall, Liverpool over four nights between 6th and 9th May 1931. An extra performance on Saturday afternoon had to be arranged to accommodate the hundreds who had failed to obtain a seat at the first four performances. The organisers succeeded in assembling 350 actors from the Welsh Presbyterian Chapels of Merseyside, amongst them individuals from Laird Street Chapel. The pageant was written and produced by the poet-preacher Cynan, a remarkable eisteddfodwr. The whole production deserved great praise: it provided a profound spiritual experience for participants.

During the ministry of Reverend Isaac Parry a great deal of importance was placed on the Literary Society as he, himself, was a first-class lecturer with ample humour to keep an audience entertained. Other experienced lecturers came to entertain and to impart knowledge for example the Reverend Griffith Rees, the minister of Princes Road Welsh Chapel in the heart of Toxteth. He was paid one guinea for his effort, a generous payment. Laird Street Chapel received only 18 shillings and 2 pence from those who attended. This was slightly more than had been contributed on the night that the minister, the Reverend Isaac Parry, gave his lecture when the proceeds came to 15 shillings 7 pence. One of the faithful adherents of the Literary Society was W. R. Pritchard, Bidston Avenue. The name of his home, Clynnog, echoes, quite clearly, his roots in Caernarfonshire. The Minister said on the day of his funeral in Welsh (translated): 'He was a proud Welshman and ready to contribute towards everything that glorified the best aspects of his nation.'

Mrs A. E. Williams, 9 Dingle Road, was a godly and hard-working woman who died the same year as W. R. Pritchard. The Reverend Isaac Parry said of her, a product of the Welsh Religious Revival: 'It was a pleasure to listen to her expressing her spiritual journey, praising God for his great care and gathering Scriptural sentences as a golden chain.'

In 1932 the Literary Society was successful in persuading the outstanding literateur and book collector, Bob Owen, a quarry clerk from Croesor in Merionethshire, to come and lecture in Laird Street.[17] Bob Owen was an extraordinary lecturer and he was paid the sum of £2-7-6 for travelling from Croesor and delivering his lecture. A delightful literary experience for those who attended the lecture, nevertheless this occasion was a financial loss. They Chapel received only £1-11-6 from those who came to the Schoolroom.

No member from Laird Street died in 1933, and the number of communicants was well over 300 with 328 members. The minister was in an optimistic mood when he presented the Annual Report for that year: the majority of the men during the years of economic depression, were in regular work and there were not as many working class people in Birkenhead unemployed as elsewhere. This could not be said for the valley communities in south Wales or for the slate quarrying villages and towns of Gwynedd.

In 1934 the Chapel decided to decorate the schoolroom and paint all the buildings, at a cost came of £71. The Amateur Drama Society was constantly raising money for the chapel. Another person who did the same was J. H. Jones ('Je Aitsh'), the editor of *Y Brython*.[18] His lecture that year brought in a substantial amount of profit, the sum of £5-1-6 to the chapel. Other notables in Welsh life lectured at Laird Street, namely O. Caerwyn Roberts, known as Caerwyn from Anglesey, a colourful eisteddfodwr; and two ministers with the Welsh Wesleyan Methodist denomination, the Reverend D. Gwynfryn Jones, Flint Mountain, and the Reverend Dr J. Roger Jones.

The Minister, the Reverend Isaac Parry, was ill for most of 1935. He lost opportunities to preach and visit homes but he received a great deal of kindness from the members as well as from the leaders of Laird Street Chapel. The year ended with the Laird Street Chapel Carol Singers entertaining Welsh families all over the town in Antartic weather and collecting the substantial sum of £22-3-0. Because of this the chapel had a financial resource to help the poor and the needy.

Four members died prematurely in 1935 . These were Hugh W. Kerr, Bray Street, who like the cripple by the temple in the Gospels, depended on others to assist him; Hugh J. Thomas, Kingsley Street, who died in the years of his strength only a few days after the death of his father. Dan Hughes, Manor Hill, had suffered terrible wounds as a soldier in World War I and the wounds he received on the Continent of Europe were still with him on his dying day. One can agree with his Minister: 'this precious life became a sacrifice to the God of War.' The fourth was a comparatively young man, Hugh J. Hughes, Alderley Avenue. He was so different from so many of his contemporaries in the 1930s. Isaac Parry said this of him:

> 'He was a Puritan who loved the Bible and the means of grace and who meditated often on the cause of God. Everyone who had the privilege of hearing him in prayer in Laird Street realised that he was in close contact with God.'

In 1936 another opportunity was given for the Church to elect more elders when a father and his son were chosen. The father was the well-loved David Evans, Cynlais, Shrewsbury Road North, who had returned from Penmon to Birkenhead; the son was J. Cynlais Evans, 67 Grosvenor Road. Before the end of the year the Church was paralysed by the news of the death of the medical practitioner and doctor, Dr Arthur Gruffydd William Owen, Gorwyl, Park Road North. The minister was heartbroken and regarded the passing of Owen as one of the greatest losses ever suffered by Laird Street, in all its history. The Doctor was an integral part of Welsh life in Birkenhead and loved by the church and the inhabitants alike. His home, Gorwyl, which stood not far from the Chapel: the door of his home had always been wide open to welcome preachers on a Sunday, lecturers coming to speak to the Literary Society as well as other visitors, in particular, missionaries home on furlough from the hills and valleys of Assam.

Dr A. G. W. Owen was a very versatile man, who delighted in the activities of the Sunday School. Often, the Minister recalled, Dr Owen stated that his favourite gathering within the Chapel was the Adult Sunday School. He felt that he was in paradise when he conducted his Sunday School Class. His students thoroughly enjoyed his original ideas when he expounded the Scriptures and would not miss the opportunity to attend the Sunday afternoon sessions. Laughter and delight were experienced under his tuition.

Dr A. G. W. Owen had been deeply immersed in Welsh preaching. Preaching was a sheer delight as far as he was concerned. And it was a joy to preach at Laird Street when Dr Owen was present. There was no end to his generosity and he had enjoyed an honourable reputation as a practitioner. To the Reverend Isaac Parry he stated that he regarded his medical work as a heavenly vocation; and he never spared himself from the demands of the work. The poor as well as the rich in Birkenhead enjoyed the same commitment from him. Often he would spend a whole night attending to the medical needs of some of the poorest people in Birkenhead. As the Minister stated in his funeral eulogy only heaven itself knew the amount of goodness he did.

Today, no one can expect such care from a medical practitioner, especially to the least well off. Indeed, those benevolent in the tradition of Dr A. G. W. Owen are few. At his funeral the Minister ended by stating:

> 'Farewell my pure and endearing friend. It will be easier for many of us to die when we remember that a man of the calibre of Dr Owen will be waiting for us in heaven.'

Two others died in 1936, the same year as the godly doctor. Rees Lewis, Gorwyl, who also had been conscientious in his support of the chapel and Mrs Edward Edwards, Harcourt Road, was another of the faithful servants of Christ. Her husband was to die of a broken heart a year later. They both taught their children the ways of God and to attend Laird Street three times a Sunday. Their children were taught to speak Welsh fluently, a great achievement for all who have to live in a dominantly English-speaking milieu.

The Chapel was still flourishing as a community of God's people with 318 members at the end of 1936 with a large number of children attending regularly, 70 of them. There are very few Welsh chapels, even in the heartland of Wales today, that have more children belonging to them. Blessed was the world of a Welsh minister in the 1930's: it was like heaven on earth. The Reverend Isaac Parry had good financial resources to keep the work going and plenty of wit as well as memorable sayings that were like proverbs. Some these sayings are worth repeating here:

> 'What is Shalom? A *cynghanedd* in the heart of the saint and in the midst of the saints. Without shalom ('tangnefedd' in Welsh, 'peace' in English) you do not have a Church.'

The Ministry could rejoice in 1937 that the congregation in Laird Street, Sunday mornings and evenings, were one of the largest on Merseyside.

The Sunday School had its problems despite there being 79 adults on the books, 64 children with 22 teachers and officers. All the officers that year were men, which was exceptional. These included the financial Secretary of the chapel, R. David Pugh, 50 Daffodil Road, who was Superintendent of the Junior Sunday School; whilst Richard Hughes, Curzon Avenue, acted as Treasurer and William Owen, Shamrock Road was the Secretary. The organist, Miss Myfanwy Hughes, Curzon Avenue, was also quite ready to act as a pianist in the Sunday School.

Attendances at prayer meeting and the Seiat were a fluctuating story, as the Minister reminds us: 'Sometimes a large crowd comes together, and at other times the number will be extremely small.' Remember that the numbers on 31 December 1937 still included 328 members and 20 listeners. In reality, the majority seemed to be deaf to the call of the Minister. Nevertheless, he continued to preach to the conscience of the men in particular: 'Where are in all truth the brothers? I entreat you to start again in 1938. We are grateful to the sisters and a few men who keep the light in the lamp on the altar.'

In 1937 The Literary Society still flourished and the young people were flocking to its meetings to the delight of the two joint Secretaries, Miss S. Evans, 30 Ashburton Avenue and Mr R. M. Maddocks, 4a Bidston Avenue. Mr Maddocks was also kept quite busy as Secretary of the Finance and Building Committee.

In 1938 the Chapel was again repainted and they placed a new lamp at the cost of £91. The Chapel received a gift of £100 through the will of William Williams, The Willows, Upton Road, who was a member of Newsham Park Welsh Presbyterian Chapel in Liverpool but who had been attending Laird Street Chapel, quite faithfully, for a long period. Eight members died during the year, including some who had been members since the opening of the chapel in 1906 such as Miss Kate Jones, 8 Valerian Road, and Miss Winifred Hughes, 129 Shrewsbury Road, and Miss Jennie Jones of Llanhael-haearn near Pwllheli. She had refused to transfer her membership back to Babell Chapel after moving home to Llanhaelhaearn because she had had so much loyalty and such happy memories for the Welsh Presbyterian community of Laird Street. She is a fine example of a Welsh woman who gave of her best to the Welsh religious heritage of Merseyside.

It was a sad loss on 7 November to hear of the death of the upright and conscientious elder William Thomas, Treflyn, Cavendish Road, who had been one of the pioneers who had built Laird Street. Elected an elder in 1912, he had been a Treasurer for over 30 years. A native of Anglesey, though he spent most of his long life in Birkenhead, in reality he was very much a countryman at heart. He rejoiced in animals and in the birds of the air, and was so generous to the Church. Laird Street Chapel is a lasting memorial to him as he was responsible for all the carpentry tasks. The beautiful pews that remain are a testimony of his life and work for the Chapel. He was granted his final wish at the end of his life of being buried in Anglesey.

At the of the 1930s, finally the Minister, the Reverend Isaac Parry, decided to leave Birkenhead and return to the north Wales coast.

Chapter 6

The War Years (1939-1945)

The war years were difficult for everyone on Merseyside, and, in particular, for the chapels and churches. Laird Street was no different. In the Merseyside Blitz, 1940-1941, approximately 4,000 people were killed, 7,000 seriously injured, 184,840 houses damaged, and 10,840 houses destroyed. Liverpool and Bootle were the worst hit. In Bootle, 16,000 of the 17,000 houses were damaged or destroyed.

Birkenhead was extremely important in the war years where the Cammell Laird Shipyard was fully engaged on war work. The battleship Prince of Wales was launched in 1939. During the World War II, Cammell Laird built 106 fighting ships and carried out repairs on over 2,000 ships of all types. Welsh people still moved to Merseyside to work at Cammell Laird's.

The Chapel at Laird Street was fortunate to have the assistance of the Reverend Thomas Phillips. He was not the official Minister but he assisted the Church for his official pastorate was in Wallasey.

On September 20th 1942, Laird Street Chapel decided to give members an opportunity to elect new elders. But only one was chosen, namely R. H. Jones, Alderley Avenue, and he was accepted as an elder at the meeting of the Presbytery held at Chatham Street Chapel on 14th November 1942. Just before the end of the year, on 29th December, John Evans, Heath Bank, Upton Road Birkenhead died. He had come to Birkenhead from Anglesey in 1890 and he was a fount of Biblical knowledge.[19] Though he had lived in Birken-

140

head for a long time, at heart he was a countryman. He was extremely faithful to Laird Street and he kept attending his adult Sunday Class throughout the years. He was extremely well thought of as an employer. A fine eulogy was paid to his memory at the Liverpool Presbytery on 16th January 1943 by two of his fellow elders, Arthur J. Roberts and Morris Williams.

1943 was to be a difficult year in so far as Parkfield Chapel, Birkenhead, was concerned. The Chapel officers sent a stern letter to the Liverpool Presbytery with regard to its decision to create a new pastorate in Birkenhead without having first asked or consulted the chapels that belonged to the District meeting to discuss the matter. This new scheme, which set up a joint pastorate involving Parkfield, Woodchurch Road and the Rock Ferry Chapels, became a running sore and dragged on throughout 1943. A detailed report was presented by the Ministry Committee to the Liverpool Presbytery on 15th January 1944. This report was not published.

Laird Street lost one of its colourful leaders on 24th March 1944 in the death of John Henry Jones known as 'Je Aitsh', at Penygroes, Nantlle Valley, Caernarfonshire. A native of Talsarnau, Merionethshire, he came as a compositor to Birkenhead in 1875, and became an elder in Parkfield, then Woodchurch Road, and finally at Laird Street, something of an unique record. He became the editor of 'Y Brython' in 1906 and made it a weekly paper of great distinction up to his retirement. He loved Laird Street and did so much for the chapel.

The Reverend Thomas Phillips, mentioned earlier, was exceptional in his care for those from the Chapel who were serving in the War. But by 1944 he had accepted a call to Salem Welsh Presbyterian Chapel in Dolgellau, Merionethshire, and, in consequence, the Laird Street Chapel was looking for a new leader. The membership had declined from 212 in 1943 to 203 at the end of 1944. Seven new members had been accepted but three members who had moved away back to Wales and another three died. Those who died in 1944 were J. H. Jones, Mrs Elias Jones, Primrose Road, and Mrs Evans, wife of the pioneer David Evans, who now resided in Bramble Cottage, Heswall.

The Sunday School kept going through the war years largely through the effort of the elders R. H. Jones and O. Morris Williams who enjoyed the assistance of Alan Robinson, and Miss Olwen Eames. Many of the children who attended on a Sunday afternoon could, in years to come, empathise with the verse written by Brenda Walker in her poem, *This Game of War.*

> I was too young to understand what I saw
> Too young to say what I thought,
> I just knew they'd got it wrong, this game of war.

Those from the chapel who served in the Second World War deserve to be remembered:

Army:

William E. Bailey	William Owen
Richard Eames	J. M. Price
J. Cynlais Evans	R. David Pugh
D. Herbert Evans	P. Tudor Richards
R. Francis Evans	Owain Richards
A. Victor Hughes	P. Pryce Roberts
Arthur I. Jones	Kenneth Williams

In the Navy:
Goronwy Evans
John R. Evans

In the Merchant Navy:
W. Owen
David Roberts
Ellis Thomas

In the RAF:
Ivor G. R. Jones
Tecwyn Jones
Cyril Lloyd
W. R. Maddocks

In the ATS, WRNS, WAAF:
Betty Jones, ATS
Catherine Jones, WAAF
M. Grace Jones, WRNS
Olwen Roberts, WAAF
Annie Williams, WRNS

In Auxiliary Nursing:
Ceridwen Edwards
Menna Hughes
Betty Lloyd
Nellie Owen

Land Army:
Ruth Roberts.

The Prayers of Laird Street were offered on behalf of these young men and women and, in particular Robert J. Evans, RNVR, who in 1944 was a prisoner of war. Laird Street cared for each one of them and was glad when all the children came home.

Chapter 7

The Ministry of the Reverend
Robert Meirion Roberts (1946-1952)

The Reverend R. Meirion Roberts came to Laird Street Chapel after the difficult and dark days of World War II. A native of Llandrillo in Merionethshire, R. Meirion Roberts had been educated at what is now the University of Wales, Bangor, where he had graduated with first class honours in Philosophy; and, also at the theological colleges of Aberystwyth and Bala. Ordained in 1933 he had ministered at Penuel Chapel, Ebbw Vale for four years and then at St David's, in Belmont, Shrewsbury, 1937-1938. He taught Philosophy and Psychology at Coleg Harlech for two years and spent six years serving as a Padre in the World War II.[20]

The call to Laird Street meant, for the first time since his ordination in 1933, he would be conducting most of his pastoral and ministerial work in the Welsh Language. It was a new experience, which he welcomed. His ministerial approach was in the main-stream of his denomination and soon after he arrived at Birkenhead, he praised those who supported the Prayer Meetings. Indeed, for him the most beneficial meeting in the fellowship of the Church was the Prayer Meeting, followed by the Seiat. Another meeting that the Minister emphasised was the Bible Class though he would have been thrilled if the numbers of young people attending could have been increased.

Seven young people from the Church were accepted into the full communion of the Chapel before the end of the Year: they were made members on Christmas Day 1946, which that year fell on a Sunday. He had received a great deal from them in the Communicants' Class.

During 1946, one member died, namely Arthur Owen, 49 Buccleuch Street, and whilst visiting him at Tranmere Hospital the Reverend Meirion Roberts came to admire his deep Christian faith. Another important change was the number of Chapel members who returned from the war. The Minister referred to the dedication of a number of them to the work of the Church but, sadly, others were reluctant to get involved again in the life of the Chapel. This story of reluctance was repeated all over Britain. Changes of attitude and perception ushered in during the difficult circumstances for many during World War II effectively dealt a mortal blow to nonconformist chapels from which many have never recovered.

Among the contributions made in 1946 it is interesting to note that Laird Street Chapel contributed £17.0s.0d to the Testimonial for the Reverend David Francis Roberts (1882-1945). He had been minister of Fitzclarence Street Welsh Chapel in Liverpool 1921-1929 before moving to care for two Presbyterian chapels in Bala, including Capel Tegid. This is where he died at the early age of 62, on a September day in 1945. The Reverend R. Meirion Roberts would have known him when he was preparing for the Ministry in particular, when he attended the College at Bala for there was a close connection between the ministerial students and the fellowship of Capel Tegid.

1947 was a difficult year for the Minister. He was away for six weeks at the beginning of the winter session. Then the heavy snow came in February 1947 and this disrupted life all over Britain. The Chapel lost three of its faithful members: Mrs David Bailey, Vittoria Street; Mrs Hugh Jones, Thorneycroft Street; and Mrs William Jones, Norman Street. Four babies were christened and on 29th June 1947 the child of the minister and his wife Daisy Roberts (née Harper), a native of Llanrwst. They married in 1933 and had, in all, two sons and three daughters.

The Reverend R. Meirion Roberts had a flourishing Literary Society at Laird Street Chapel. In the last 100 years Welsh Nonconformists have placed a great deal of emphasis on cultural activies in their chapels. Indeed, some members are more prepared to support the Literary Society than the Prayer Meeting. This still happens. Laird Street had built up a great reputation in the 1930s for its Literary Society and this was carried on into the 1940s, despite war time restrictions. The society included John John Williams (1884-1950), something of a celebrity, and Deputy Director of Education in Birkenhead since 1932. A versatile communicator, who was also an expert in the world of drama, he influenced the famous actor and film director Sir Richard Attenborough. J. J. Williams gave a lecture to the Literary Society every year, and each of these tended to be a sell-out. During the 1930s, this was true, also of the lectures given by J. H. Jones ('Je Aitsh'), the journalist.

In 1948, the Church lost Mrs O. Morris Williams, Mr R. D. Robinson, Mr R. T. Williams and Mrs Emlyn Jones through death, four members that had enriched Laird Street by their commitment. The Minister referred to the decline in the chapel's spirituality in every one of his annual addresses, especially the lack of support for Prayer Meetings.

The Church elected three members to become elders in 1948: Evan R. Jones, Grosvenor Road, R. R. Roberts, Manor Hill, and J. J. Williams, Ashburton Avenue. Two of them accepted the invitation but J. J. Williams declined. The following year the elder Mr R. H. Jones and his wife moved back to Wales. He had been an important figure in the life of the chapel, especially during World War II. The chapel however, rejoiced in 1948 when the Reverend Isaac Parry and his wife decided to move to 22 Alderley Avenue; and the Minister, especially, was delighted to have both of them in his congregation. The Reverend Isaac Parry decided to spend his retirement on Merseyside, which was a compliment to the Welsh community where he had served so diligently.

The Reverend Merion Roberts became ill for a period and in 1948 spent time in hospital. He had received a great deal of kindness and he looked forward to regaining his strength. Fortunately, the Reverend R. Emrys Evans, Park Road South was at hand to assist in such times of need. After his recovery the Reverend R. Meirion Roberts pursued his ministry as well as his literary and philosophical interests. His first volume of poetry *Plant y Llawr* ('The Children of the Earth') had been published in 1946 and his scholarly articles appeared in *Y Traethodydd* and *Y Drysorfa*. He was able to appreciate both aspects of the life of the chapel: its literary pursuits as well as the need for spiritual emphasis. The Reverend Isaac Parry became as much attraction for the yearly Literary Lecture as J. J. Williams had been for the sudden death of J. J. Williams on 26th December 1950 denuded the chapel of one of its most remarkable members.

Mrs Elizabeth Emrys Evans wife of the Reverend Emrys Evans, arranged two plays for the young people and Heathfield Road Welsh Chapel visited Laird Street with its amateur dramatic society. In 1951, Mrs Evans and the whole family left Laird Street when her husband accepted a call to the Welsh Presbyterian Chapel of Ellesmere Port.

In 1951, the Reverend R. Meirion Roberts decided to become a Chaplain in the army once more. So he left Laird Street to pursue his duties; which he did from 1952 to 1958. Then he transferred to the Presbyterian Church of Scotland, serving as a minister in Applegarth and Sibaldie in Dumfrieshire where he remained until his death on 11th January 1967. He was laid to rest at Applegarth Cemetary and my colleague the Revered Trefor Jones, Caernarfon, tells me that he has visited his resting place as a mark of respect for one of Wales' most talented sons. His daughter, the Reverend Angharad Roberts, followed in her father's footsteps, first as a missionary, and later as a Minister with the Presbyterian Church of Wales in the Bala area from 1993 until her retirement in 2004.

Chapter 8

The Difficult Decade of the Fifties
(1952-59)

The community that met in Laird Street, Birkenhead, to worship and to enjoy fellowship in the 1950s was fortunate that their old minister the Reverend Isaac Parry, was at hand when the Reverend Meirion Roberts left. The Revd R. Meirion Roberts had a high regard for him. He said so, quite plainly, in his last address at the time of the Annual Report:

> I have had a great deal of comfort and enjoyment in his company since he has returned, and his advice and his experience have been of great value on a number of occasions.

Another loss in 1952 was caused by the decision of Mr and Mrs David Evans to move again from Birkenhead, this time to Glyn Avenue, Prestatyn. He was thrice married, the third time in 1949. David Evans was shrewd, generous, with a distinctive personality, honest in all his dealings. He became a Birkenhead magistrate in 1933 and was High Sheriff of Anglesey in the same year. Listening to the Word of God gave him a great deal of sustenance in his work in the building trade and he much enjoyed the company of ministers of religion. Ministers of the Gospel were always invited to his home and he always attended the meetings that nurtured spirituality – the study of the Bible in the Sunday Schools and the Prayer Meetings on a week night. The Chapel was given high priority in his life.

David Evans was concerned at the decline of the Sunday School, though he was glad that a sizeable number of young people still attended on Sunday afternoons with Samuel Roberts, (Daffodil Road), O. Morris Williams, Miss Gwenllian Evans and R. R. Roberts as its Sunday School officers. In 1952 a Sunday-school trip organised to Llandudno when £13.10s.0d was paid for the bus from Birkenhead to the seaside in north Wales.

1953 was not without its concerns for the spiritual life of the Church: the biggest headache was the decline of the Prayer Meeting and Seiat. Only a faithful few still continued to support these meetings. Another concern was that a number of members were distancing themselves from the institutional life of the Chapel, indicating their lack of commitment by neglecting to contribute to any one of the Church funds and the Connexional demands. A valid effort was made by the chapel officers to connect with each one of these apathetic members. Some were so apathetic that they even ignored the letters that had been sent out. Fortunately, others did respond positively.

At the end of 1953, J. Cynlais Evans, who had been a leader from 1936 to 1953, moved away to live.[21] He was the son of Mr and Mrs David Evans, and brought up in Laird Street Chapel, he had served the Cause conscientiously and was extremely faithful in his attendance at all the services and meetings held at Laird Street, including the Sunday Schools, the Seiat and the Prayer Meetings. Their son, D. T. Gruffydd Evans, also was a member but he was at that time away doing his National Service as, indeed, was John M. Williams, Norman Street at this time. A change took place in the Treasurership of the Church when Arthur J. Roberts, St Andrew's Road resigned, the responsibilities were taken over by Mr Evan R. Jones. Mr Roberts, had served as a dedicated Treasurer for many years.

Another link was broken when Mrs Ruth Roberts, 6 Primrose Road, a member of the Chapel since 1906, died. She was a native of Montgomeryshire and was proud of her connection with Laird

Street since its formation as a Church. She remained steadfast right up to the end: she was blessed, as the Bible states, with her 'own secret stairway' into the ways of God. The Church lost three other members: R. E. Davies, Violet Road, who worked on the railways; Jonathan Evans, Mona Street, a staunch expositor of the Bible in the Sunday school; and John Hughes, Bidston Avenue, who was courteous to everyone and who loved God's creation passionately. At the end of 1954 the chapel still had 130 members: 21 had been lost through death or because they moved homes and seven new members joined the Church. Thirteen of the members had left without even asking for a membership transfer elsewhere. The Chapel contributed towards a Testimonial to the late Reverend R. J. Powell, Garston, and there was also support for other causes.

In 1955 the Church celebrated its foundations by emphasising that the Cause was the product of the Holy Spirit in the 1905 revival that had come in the wake of Evan Roberts and other men and women of God. Meetings were organised as a reminder that the Chapel had started from the smallest of beginnings, stimulated by the dedicated lives of individual men and women. But, in reality, these events should have been celebrated in 1956 to mark the fiftieth anniversary of when the building was ready for its worshippers. It was Mrs E. M. Williams, Treflyn, Cavendish Road, that organised these celebrations and she brought together a number of early photographs of the chapel in the Exhibition that she arranged.

It is of interest to note that the Chapel received £178-18-0 towards the Celebratory Fund. The contribution of £25 from the Sunday school topped the list of subscribers. Three contributions of £10 were received with the rest in terms of sums of £6, five guineas, £5, three guineas, two guineas, a guinea, £1, ten shillings, 5s.6d. A number of contributions came in from Wales, from former members of the Chapel who had still acknowledged the special contribution that Laird Street Chapel had made in their lives.

In 1955 another important decision was taken to join Woodchurch Road Welsh Chapel, Birkenhead, to form a new pastorate. A Pastoral Committee was elected to represent both chapels in finding a suitable minister to care for them. During 1955, four of the young men of the Chapel were away on National Service, namely, William Owen, Dundonald Street; D. Orville Jones, Wrexham; John William, Bidston Avenue; and John M. Williams, Norman Street.

The Reverend Isaac Parry still retained a pastoral concern for the Chapel in his retirement and his wife was fully committed to the Chapel in her role as Treasurer of the Sisterhood. The Chapel still had a concern for worldly problems and responded to the cry of the churches of Europe and also to the ways in which the protests on the streets of Budapest against Russian tanks was silenced in 1956. The sum of £13-6-6 was given to the Hungarian Relief Fund. The Church lost another member on 25th September in the death of Mrs Samuel Roberts, 4 Daffodil Road, and three days later, in the same street, Mr John R. Pugh died. Mrs Roberts had been a model of gentility, always showing happiness in her outlook; while John R. Pugh could narrate the story of the early beginnings of the Cause in Laird Street and served in many different offices over the years. He was a gifted craftsman and was always ready to assist with any repairs needed to the fabric of the Chapel.

In 1958, the officers were somewhat frustrated at all the expectations of the Chapel, in particular, the imposed requirements of the Presbyterian Church of Wales to contribute to the central fund to support the full time, paid, ordained minstry. This meant a contribution of a guinea for each member. To meet this need members were asked to spread their contributions over the year which would be a pratcial way of assisting the Treasurer, Evan J. Jones, and the Financial Secretary John M. Williams, 67 Norman Street. The membership was declining and by the end of 1958 it was less than a hundred. Seven members left which brought the total members down to ninety-four. The officers looked back, with nostalgia to the earlier, more successful times; and mourned in particular the loss of the younger generation whose numbers were now very small. After the Reverend Isaac Parry and Mrs Parry moved from Birkenhead to Marine Parade, Hoylake, they could not be expected to have the involvement as when they lived in Birkenhead.

By the end of 1959 the Liverpool Presbytery decided to ask the Minister of Douglas Road Welsh Chapel, Liverpool, to care also for Laird Street and Woodchurch Chapels with effect from January 1960. The Reverend G. Tudor Owen, BA, accepted this new arrangement though he reminded the Presbytery of his vast pastorate which now extended from Great Crosby in north Liverpool to Birkenhead and Wirral, across the Mersey. He warned them that he could not visit everyone at home for he had to give priorities to those who were ill or elderly. A new chapter was beginning and Laird Street Chapel was now to receive a Minister who brought his own distinctive style and standards. Real Christianity to the Reverend G. Tudor Owen was the most revolutionary thing in the world and he made a concerted effort to bring its fruits into the lives of all the members and the chapel community based in Laird Street.

Chapter 9

The ministry of the Reverend G. Tudor Owen (1960-1974)

A new emphasis was evident in 1960 through the dedicated minister that came to care for Laird Street Chapel. A confident and grateful note was struck by him as he was able to travel from his Manse in Sunbury Road, the Anfield area of Liverpool, through the Mersey tunnel to attend to the needs of his flock. The Reverend G. T. Owen also felt that in a new decade they were holding their own in so far as membership was concerned. This, indeed, was good news for a Welsh speaking congregation on Merseyside.

The new minister felt a new confidence. He was even prophetic and he recognised namely the need to adapt to the tremendous changes that soon would come to all the Welsh chapels on Merseyside. He did not believe a chapel closure was a tragedy in an age of secularism. Rather, the new minister saw this as a sign of life in the Christian Church, as a sign of the need to adapt and to change and to continue to break through according to local circumstances. A great deal of change was occurring; much of it took place in 1962 after countless meeting to prepare for the creation of a new community of believers with the name of Salem. This was achieved by the coming together of the mother church of Parkfield Welsh Chapel with the daughter church of Laird Street Chapel. 1961 was the last year of Laird Street and at the end of the year the chapel recorded 82 members. A number of the members had been called to glory, namely Mrs Alice M. Jones, wife of the elder Evan R. Jones, one who had been faithful to her home, he chapel and her Saviour, Christ Jesus; William Hughes, Cavendish Street who had a long connection with Laird Street Chapel: his dear mother was one of the four ladies who had had the privilege of placing one of the foundation stones for the new chapel building at Christmas 1905. Another loss occurred in the death of Richard Williams, Norman Street, a booklover, who came originally from Anglesey. It was a great loss also when Arthur J. Roberts, an elder, decided to move with his sister Miss H. M. Roberts to their new home in London. Both had been very supportive of Laird Street Chapel. Arthur J. Roberts had been a capable elder since 1936. As it happened, 1962 proved to be a year full of exhilaration and it was fulfilling to see the two congregations mixing well without any personality problems. Two different chapels of the same denomination combined to form a new religious community: the pulpit, *sêt fawr* (elders' big seat) and the organ of Parkfield were placed in the sanctuary of Laird Street. The minister saw these changes as a miracle from God, as all these items were symbols of faith that help to bring a positive atmosphere. The hand of God could be discerned from the very beginning. It was so different to what might have been expected as no one harked back to how they used to do things previously either in Parkfield Chapel or in Laird Street.

The united chapel of Salem meant that the Eldership had been strengthened. After all there were only three elders fulfilling their leadership role in Laird Street at the time of the amalgamation but seven came from Parkfield Chapel: these included the formidable and talented accountant, John Tudor Owen, and his more intro-spective brother, Denis Owen; D. J. Evans, High Tranmere; the tall railway workman Edwin O. Williams, Vittoria Street; the musical W. J. Charles; G. Esmor Jones and David Caradog Evans of Prenton. They were highly motivated dedicated leaders. Ten, to add to the story of Salem, in 1963 Rock Ferry Welsh Presbyterian Chapel was closed. A good proportion of members decided to follow their elders into the chapel of Salem. It was a time of Christian joy as new talent was now appearing. The congregational singing in the hand of Mrs I. M. Williams and Alan Jones had been given an uplift by the arrival of two competent organists from Parkfield: the talented Elfed Owen and the elder D. Caradog Evans. Salem Chapel in 1962 was now much stronger than Laird Street had been since the war years of the 1940s. At the end of 1961 the total members of Parkfield stood at 194 and with 82 from Laird Street, the members increased to 186. Four more came to the fold to reach a total of 190. But during 1962 nine left Salem for other churches, seven without any reference and five died, leaving a total of 169 by the end of the year.

In 1963 the Reverend G. Tudor Owen decided to move from Liverpool to Birkenhead so that he could concentrate on the Salem and Woodchurch Chapels. The two chapels prepared a most impressive Manse for him and his wife, Mrs Beryl Owen, and their two daughters.

It was in 1962 that it became evident that the Welsh Presbyterian Chapel in New Chester Road, Rock Ferry, could not sustain itself as a Christian community. There was no alternative but to dispose of the property and the local church. The closure proceeded under the guidance of R. T. Davies, Bedford Drive, Rock Ferry and the Presbytery officers. A well known local estate agent on the Wirral, Smith and Sons, were approached to represent the church. In a latter dated 22 August 1962 they underlined to the trustees and elders that this disposal of the building would not be an easy task. They stated 'The Church property has a very limited market and it may be difficult to obtain a good offer for these reasons. We recommend that the property is offered for sale by private treaty at a price of £2,500. We consider that any good firm offer received will require careful consideration.'

The Rock Ferry Chapel had been opened in October 1870, many years before the Laird Street Chapel. Six years later a small schoolroom had been built at the back of the chapel, the total cost coming to £1,113-19.8. This was a small congregation, with only 71 members in 1871 including the children. By 1883 there were 105 members at Rock Ferry and enough confidence to call a full time minister in the person of the Reverend Owen John Owen, with his MA from the University of Edinburgh, a native of Fachwen, near Dinorwig in Caernarfonshire. This new young minister remained in this, his first church, for 42 years.

Owen J. Owen was a man of learning, and over the years he contributed a number of valuable articles on the early history of Welsh Calvinistic Methodism on Merseyside. A quiet man, who never wanted publicity, he married a Liverpool Welsh girl, the daughter of the pacifist and biographer of Henry Richard, Eleazar Roberts. O. J. Owen died on Sunday, 6 December 1925 at the age of 74 a few weeks after he had formally retired from his pastorate. The new young minister that followed him was the Reverend Gwyn Evans, BA, a native of Maesteg who later became the Minister of Charing Cross Welsh chapel in the heart of the West End of London. Today, the building is used, somewhat surprisingly, as a night club, a complete negation of what it stood for in its heyday. O. J. Owen could call on his unpaid assistant minister, the Reverend T. J. Williams, known by his bardic name of 'Creigfab'. Another minister who laboured for two period at Rock Ferry was the Reverend R. Emrys Evans, who in 1961, was appointed General Secretary of the Welsh Presbyterian Foreign Mission office in Liverpool. His appointment created a crisis for the management of Rock Ferry Chapel where he had ministered from 1955 following the departure of the Reverend Aneurin O. Edwards. Rock Ferry was never a flourishing cause. In 1930 they recorded only 154 members. Thirty years later, they had 70 members, the same number as when the Chapel had been opened in 1870. But Rock Ferry's elders were tired of facing a future without a Minister and they felt that amalgamation with Salem offered a future for them. This is evident from the Minute Book covering 1940 to 1962 and it is most evident that the elders had the right approach. In the period from 1940 to 1962 we find that men and women still flocked to the towns around Birkenhead from the rural communities of north and mid Wales. At the end of 1962 the deacons at Rock Ferry decided that they would give their members the choice with regard to the move to Salem. Nearly half the membership of 33 decided to move to other English and Welsh chapels in the area, such as Woodchurch Road or Ellesmere Port whilst 38 enrolled in Salem. Only five of the members are unaccounted for. The Chapel building was sold for the asking price to the local English Baptist chapel, bringing to an end another Welsh landmark on Merseyside.

At Salem Chapel members from the now closed Rock Ferry Chapel were given every welcome and the elders of Rock Ferry were invited to join the elders, which was not normal in the Presbyterian Church of Wales. It is interesting to note that the Minister did not give any reason for inviting the elders of Rock Ferry to join the elders at Salem in his annual address to the Church. Rather he concentrated on his main concern, the preaching of God's Word. To him, preparing for the pulpit was very time consuming. The preacher lives in a state of constant tension, as the Minister of Salem admitted. This task is to guide his hearers between the Scylla of fashionableness of worshiping the past. At the end of 1964 the membership at Salem stood at 200 and the Sunday services were well attended. The Minister was invited to become Secretary of the Presbytery at this time, an invitation that he could not refuse. Yet, he was reluctant to accept this new appointment. It was a three year stint and meant the curtailing of his pastoral duties. But every minister in the denomination realises that his pastorate has to share him with other members of the Connexion.

In 1964 the senior elder of the church, David Jones, died. Many other families experienced bereavements, including the family of the Reverend R. Emrys Evans and Mrs E. Evans who lost relatives in the Aberfan school tragedy in October 1966. Salem Chapel experienced few problems filling the pulpit. The Liverpool Presbytery had twelve full-time Ministers as well as another six ministers either in the teaching profession or in retirement. Also, there were another six retired ministers from other denominations living on Merseyside, as well as four experienced lay preachers. So, Salem Chapel failed to obtain a preacher only once during 1966. The Preaching Sunday was still held on the last weekend in October and in 1967 Salem Chapel invited one of the most eloquent preachers of his generation, the Reverend Geraint Thomas, of Shirland Road Chapel in Maida Vale, London. To borrow a phrase liked by the writer, he was an 'axe-grinder preacher', who combined eloquence, good humour, and, most of all, a remarkable ability to convey godliness with a great deal of personal humility. Salem had a number of members who showed very little interest in the life of the Chapel. The Reverend G. Tudor Owen showed zero tolerance towards them: as he said, in an unforgettable sentence: 'They were not passengers but stowaways. Passengers pay for their passage on the boat but the stowaways try to travel for nothing.' Four members died in 1969 when the membership stood at 153. The biggest reason for the apparent decline was the disappearance of sixteen people, who, in reality, were the stowaways mentioned by the Ministers. The Reverend G. Tudor Owen took every opportunity of informing his people as to his priorities. Preaching came first. Thirty five years later, we can raise questions concerning this approach – for the world of the Welsh people has changed dramatically and now we are al searching after the truth. The lustre of ministers has faded. The great Welsh preachers of the 1970s, such as the Reverend Dr Martyn Lloyd-Jones, the Reverend Richard Williams, Amlwch, the Reverend John Roberts, Caernarfon; and many more of their contemporaries, were, in reality the last generation of those whose pulpit authority went largely unquestioned by those who flocked to hear them. Preaching Services, as they were known have, today, largely disappeared.

Another subject that concerned G. Tudor Owen in this period was the decision during the late 1960s by so many able, talented men to seek other vocations outside their initial call to the ministry. He called it 'the exodus of 1970'. All the nonconformist denominations suffered from this increasing trend. A number left to work for the BBC in particular and others went into social work, education and teaching of scripture in comprehensive schools. All these posts offered better financial rewards; and no one expressed these changes in more vivid terms that did the Reverend Islwyn Ffowc Elis, the novelist whose example and reasoning became accepted as the norm. Islwyn Ffowc Elis felt that the work of the Kingdom of God called for much more than being a sociable person. It entailed the prophetic voice. Elis did not relish the demands to be sociable. Delivering sermons was, to him, like giving scripture lessons. In addition, he did not enjoy attending endless committees, the Presbytery, the *Sasiwn* (association) nor the General Assembly. The Reverend G. Tudor Owen disclosed a great deal of the frustration that his congregation at Salem shared. He talked about those who had suggested to him that he should also forget his clerical collar and seek a vocation for God in more satisfying work. To him, a minister was required to sit in the hot seat; he was expected to please everyone; but, as it is impossible to satisfy the prickly saints and the critical sinners, the Minister is left very much on his own. But on deeper reflection, he decided to refuse the temptation to leave the ministry, suffering the clerical collar, and not joining in the exodus from the ordained ministry.

In 1970 on May 3 three of the Chapel's young people were accepted as full members of the Chapel. All were the product of the Sunday School and came from supportive homes, where their fathers were elders at Salem. The Minister had been rewarded by their joining in the Chapel fellowship. On the other hand, he did not value the visit of the monthly Presbytery in October 1970. Like Elis, he felt that this turned out to be the non-event of the year; and he was glad that the next quarterly Presbytery due at Laird Street would not be until 1977. The prepared food for the visiting elders and ministers were a waste of money. Considering that the writer was one of them, this brings a smile to the face. I cannot think of a more satirical piece of writing concerning one of the Courts of the Connexion.

Salem Chapel community suffered a great loss on 31 October 1970 in the death of R. T. Davies, a true gentleman and loyal disciple of his Saviour. The membership numbered 146 at the end of the year. The following year, 1971, brought tears at the passing of a great servant of Salem in the person of Evan R. Jones, Grosvenor Road, a dedicated elder and an able Treasurer. Sympathy was expressed with his second wife Mrs Glenys Jones, who still maintains the great tradition of her family to Welsh chapels on Merseyside.

His successor as Treasurer was to be Gwilym Davies, Bromborough, who earlier had been an elder at Rock Ferry, and was head of a Liverpool City Corporation Highways Department. Another elder J. Tudor Owen, was appointed in 1972 as Treasurer of the Liverpool Presbytery with the present writer as Secretary. For the last 34 years both of us have worked together for the benefit of the denomination.

On 1 April 1972 a new joint pastorate came into existence, namely that of Salem -Woodchurch Road – Rake Lane – Wallasey and West Kirby. The elders at Salem persuaded the elders of West Kirby to hold their Sunday service in the afternoon. This worked well for the next three years until the West Kirby Chapel closed its doors and the faithful few joined Salem. Joy was expressed when a young talented musician, Alwyn Humphreys, offered his services as organist. However, within twelve months he moved from Merseyside back to his home county as music master in Holyhead. Later he worked for the BBC and for 25 years he was to conduct the Morriston Orpheus Male Voice Choir until his retirement in 2005. In 1973 the Woodchurch Road congregation decided to move to

Salem. Salem was once again enriched with four additional elders in R. T. Jones, North Road; Trefor E. Jones, Woodchurch Road; Gwilym Williams; and Ernest E. Williams of Prenton. They were much needed for Salem had lost two elders in 1973. D. J. Evans, Waring Avenue, a native of Trelogan, Flintshire and a believer who had experienced a religious conversion. He was one of the few who claimed 'achubiaeth' (salvation) as did the apostle Paul on the road to Damascus. Since 1935 he had been a Presbyterian elder, chosen at Parkfield, during the ministry of the Reverend Dr Moelwyn Hughes. W. J. Charles had many interests that made him a cultured elder. He loved poetry, music and took the place of Elfed Owen at the organ when the latter moved back to Wales. W. J. Charles was laid to rest at Llanbeblig Cemetery near Caernarfon. Salem had lost leaders as well as valuable members, four in all, in 1973. In 1974 the sincere and hardworking Minister the Reverend G. Tudor Owen decided to accept a call from the Wirral to serve Welsh-speaking exiles in the west Midlands of England. This was a large scattered pastorate which included Presbyterian Chapels of Wolverhampton, Rugby, Coventry and Birmingham. Salem had now lost its longest serving Minister the Reverend G. Tudor Owen, who like his brother, the Reverend Dafydd H. Owen, who became General Secretary of the Presbyterian Church of Wales, had been steeped in the ethos of Nonconformity. As has been indicated, his was a prophetic voice and he was a loyal and highly dependable colleague. His ministry had been a distinguished one.

Chapter 10

The Ministry of Reverend Glyn Tudwal Jones (1976-1981)

After 1974, Salem Chapel and the pastorate on the Wirral had to wait for eighteen months to find a successor to Reverend G. Tudor Owen. During this time the Chapel was cared for by the retired Minister, the Reverend R. Emrys Evans who was highly praised by the elders for his services. Soon, however, Salem Chapel was asked to vote on the decision to call a young Minister, the Reverend Glyn Tudwal Jones, a native of Old Colwyn, and a minister since 1973 in the small village of Groes, near Denbigh. Merseyside would be a different world for them, but within months the new Minister and his family had settled at Birkenhead.

1976 proved to be a year of surprises for Salem. Three of its young people had decided to read law: Bethan Rees Jones was on her third year in the University of Manchester; Gareth Thomas, who later became the Labour MP for the marginal Clwyd West seat 1997-2005, had completed his studies at the University of Wales in Aberystwyth; while Hugh Derfel Evans, a product originally of Rock Ferry Chapel, was on his second year of study at Aberystwyth. The North Wales Association met in Salem in May and, as the present writer knows from personal experience, there was excellent co-operation between the elders, the ladies of the chapel and the Presbytery officers. Most of the representatives were given hospitality in homes on the Wirral and at least twenty came to stay with us in Liverpool.

162

The Reverend G. Tudwal Jones, and his wife Delyth and their daughter Menna, were welcomed in October 1976. The official welcome meeting was held on Friday 12 November when the proceedings were in the capable hands of the senior elder R. R. Roberts. Trefor Jones was asked to voice the Presbytery's appreciation for the interim Moderateship of R. Emrys Evans. D. R. Parry, originally as we have noted earlier an elder from Rock Ferry Chapel, made the event a notable one.

Salem had lost members since the departure of the Reverend G. Tudor Owen to the West Midlands, and in 1976 three members died before the arrival of the new Minister, eulogies to them being delivered by the Reverend R. Emrys Evans. One of the departed was Miss Leah Wynne, 55 Aspinall Street, and she left a generous contribution in the will that has proved to be beneficial to Salem ever since. Miss Wynne was a very cultured person, godly of spirit, and strong in faith. Every week she thoroughly read our denomination newspaper *Y Goleuad* with interesting consequences. Often, she knew more about the Presbyterian Church of Wales that did most of the elders at Salem. Another bitter loss came in the death of Mrs Robert Davies, Bebington, who, at sometime or other had been a member in four of the Welsh Presbyterian chapels on Merseyside. Her contemporary, Mrs Jane Lloyd Jones, Clifford Street, was widely regarded as one of the faithful members until she was forced to enter an old people's home. Another loss was the passing of Miss Blodwen Williams, who had been brought up in the community like her sister, who died some twelve months before her. But the most interesting portrait was the one to Mrs Owen Hughes of Woodchurch Road who died on 23 December 1976 and especially the notes on her by the elder Gwilym Williams. He wrote of her background. For early in the 20th century, she came to live in Heswall from Anglesey. She was able to recall how she and her husband would walk from the township of Heswall to the chapel in West Kirby so that they could worship together through the medium of the Welsh language. Without such dedication there would have been no Welsh chapel anywhere on English soil. She decided to celebrate her 80th birthday by travelling in the footsteps of Jesus in the Holy Land. When she returned home she narrated the story to her fellow Christians in a *Seiat* at Salem. Mrs Jones enjoyed a long life on Merseyside and contributed to the Gospel witness for 70 years.

In 1977 the Minister officiated at eight funerals. Three of the saints who had come originally from the Welsh countryside, had moved to Merseyside to seek a better life and a more interesting world than the one they had experienced in their childhood. Mary Rogerson, Prenton, came from the Lleyn Peninsula as a young maid and was a member at Parkfield Chapel before settling at Salem; Mrs Gwen Singleton, Mount Road had come from Dolgellau and she gave loyal support to Laird Street Chapel as well as at Salem; Mrs Mary Owens, Palm Grove, a member originally at Parkfield, was a native of Montgomeryshire, gave sterling service to Salem; Mr J. H. Pritchard, Ashburton Avenue, was a schoolteacher, who taught generations of the town's children; Owen Williams, Parkgate, was an original and effective communicator who came to Salem from Woodchurch Chapel. This was true, also of Trefor E. Jones, a shopkeeper and a brother to the mother of the Welsh novelist born in Birkenhead in 1921 Marion Eames (who has immortalised the Birkenhead Welsh of the Victorian era in her novel *Hela Cnau* (Collecting Nuts). He was a very unusual person who is admired for his friendship and kindness over the years, especially in his care for Woodchurch Chapel which he affectionately called 'y capel bach' (the small chapel). The Reverend Glyn Tudwal Jones appreciated his contribution, especially how he remembered the sermons of the pulpit giants that came to Birkenhead, and with great dignity, how he faced his final long illness. A wonderful elder he was, and is, sorely missed.

On Sunday, 6 March 1977 three more elders were elected by the members in a secret ballot, namely Walter Rees Jones, T. M. Jones and Williams Thomas. The ordination service was held at Salem in

September that year. Walter Rees Jones was a product of Parkfield Chapel while T. M. Jones, a pharmacist by profession, had come from the Welsh community, in Ashton-in-Makerfield, in the Lancashire coalfield. His brother, Arthur Jones, was an organist and elder at Carmel Chapel in Ashton-in-Makerfield along with Idris Jones, a nephew of T. M. Jones. The third choice of the members at Salem was that of Williams Thomas, Hesketh Avenue, a native of Trefor in Caernarfonshire.

Salem Chapel had an excellent response to the special Christian Aid collection organised by the denomination which totalled £162. The number of the members in 1977 was 156. Some of the money was collected during a social evening on 17 November and every one felt that it was worthwhile to have such an event which brought people together to enjoy fellowship. Two elders, one from Salem, T. E. Pryce, and the other, G. Roose Williams, from Rake Lane, gave an individual communion set to the Minister so that he could administer the sacrament at home to sick members. There was new life in Salem Chapel and the Minister was full of confidence and inspiration. However, there were losses from year to year: Miss Olwen Owen, Haldane Avenue, died at the general hospital in Birkenhead on 19 January after a great deal of suffering. A week after her death her brother died at Caernarfon. She left at Birkenhead to mourn her mother, Mrs W. Owen and another brother at her home. On 26 April Mr John Owen, Bebington, who had came to Merseyside originally to work on the railway, died. He was a generous and kind member. On 3 May, Miss Dorothy Owen, Norman Street, passed to glory. She was a native of Corris, Merionethshire, who came to care for her two orphaned nephews, Elwyn and John in Birkenhead after the death of her sister who was their mother.

Then, on 2 August 1978, Miss Enid Owen, Cearns Road, a remarkable member, died. A teacher by profession she left £100 in her will to the Foreign Mission and £100 to Christian Aid. In the same month, on 20 August, Mrs Margaret Williams, who had been an integral part of Parkfield and Woodchurch Road Chapels, passed into glory, recognised by all as a person of quality who represented the qualities of rural Wales at its best.

In August 1978 the Reverend Glyn Tudwal Jones was awarded a prize at the national Eisteddfod of Wales held at Cardiff. The competition asked for a book to assist young Christians to prepare for their first communion. The work was published by our denomination's press and proved to be an excellent introduction for a communicant's class. Under the guidance of a dynamic, well organised and well read Pastor, 1979 can be regarded as a very satisfying year in the history of Salem. The chapel welcomed the Missionary Rally in April and the Sunday School Festival of the Presbytery in June. It was a very brave ecumenical gesture by the Minister to invite the priest and the parishioners of the Roman Catholic Church which stood some 100 yards away from Salem to participate in a Joint Service in preparation for Easter. During the year, the Minister arranged a full programme of social activities, a concert, a film show, a Christmas party and he revived some of the dormant societies.

Five new members were received into fellowship from the Welsh Presbyterian Chapel of Anfield Road when it closed in March 1979. Through this, Salem received the benefit of more assistance from J. H. Thomas and Mrs Gwladys Thomas, Mr Hugh Roberts (brother of the Reverend J. Wyn Roberts, Cricieth) and his wife Mrs Roberts, and their son Bryan. When Mr Tom Pryce retired as an organist, Mr Jack Thomas succeeded him and he has continued to contribute his services to the chapel since 1979. Walter Rees Jones took on the responsibilities of Pulpit Secretary. He did everything well and was a perfectionist. Though he never lived in Wales, he was able to write correct Welsh and became the correspondent to *Yr Angor* after the death of William Thomas. Before him, for ten years, the column in the *Bont* was compiled by J. Trefor Williams, Moreton, who still writes letters to the *Daily Post* on contemporary issues.

In 1979 a son was born in the Manse, a brother to Menna Tudwal Jones. Alun Tudwal Jones was christened on 4 November by the Reverend R. Emrys Evans. Three youngsters were accepted into full membership of the Church namely Susan Griffiths, Colin Davies and Anna Walters through the Young Communicant's Class. The Sunday School for children was still in existence and one would hear Menna, Gwenda and Emlyn, reciting their verses on Sunday mornings during the service.

1979 proved to be another year when Salem lost some of its most loyal and dependable leaders. These included D. R. Parry, Pensby (late of Bebington), a native of Capel Celyn in the Tryweryn Valley. He had spent over 50 years on the Wirral. He was made an elder in Rock Ferry Chapel in 1935 and he had been influential as a teacher in religious education. D. R. Parry was a highly competent person, articulate, cultured, an inspiring teacher and a much appreciated lay preacher. The other elder to pass away was the retired banker, R. T. Jones, North Road, who had been an elder in Woodchurch Road from 1925 to 1972 before he came to Salem. Tributes were paid to two others who had made important contributions, namely Mrs Mary Ann Jones (a member at the beginning of her Christian life in Woodchurch Road Chapel) and Mrs Jane Evans who, also, had been supportive of the Woodchurch Chapel. Mrs M. A. Jones was a native of Groeslon, Caernarfonshire, while Mrs J. Evans had been born in Borthygest, near Porthmadog. The Minister knew that every one of these families had received the comforts of the Gospel in the difficult days and thus he knew that Salem could face another decade as the people had confidence in their chapel. But in 1980 the Reverend Glyn Tudwal Jones received a call to minister in the pastorate of Twrgwyn, Upper Bangor, but before he left he fulfilled all his duties conscientiously. One of his elders Gwilym J. D. Davies was recognised publicly when he was awarder the MBE for his services to Liverpool Corporation.

The Sunday School continued to fulfil its function and again, the children were involved in the Presbytery Sunday School Festival.

But during 1980 eight members of the flock were called to their eternal rest. It is of interest to note that three of these were men who had worked in the railway industry. John Jones, Halcyon Road, was a native of Amlwch, R. O. Roberts, Grasville Road, had come from Talysarn, in the Nantlle Valley, and Caernarfonshire, and R. W. Jones, Rock Ferry, had been born at Blaenau Ffestiniog. Mrs Fanny Jane Hughes, who first came to Birkenhead from Anglesey at the beginning of the century, had worked in domestic service. A prominent member of Salem, she gave much advice and a warm welcome to a large number of young people from Wales who had come to work in Birkenhead. The Minister gave memorable eulogies at the funeral of Mrs Mary Lloyd Youde, Prenton, Mrs Gwladys Mary Jones, and Miss Doris Roberts, Primrose Road (who had been a precentor at Laird Street and Salem for forty years). Another elder, who passed away was Mr Tom E. Pryce, Bromborough. A business-man he gave his best to the Welsh Presbyterians living on the Wirral, first at Rock Ferry, and later at Salem. He had great charm and the Church was his first priority. Tom Pryce took a leading role in the life of the Liverpool Presbytery and served as Moderator in 1977. It was a privilege to know him.

The daughters of R. T. Jones (Mrs Monica Powell, Miss Dilys M. Jones and Miss D Vivienne Jones) mentioned earlier, gave £500 to the chapel in his memory. After the departure of the Reverend Glyn Tudwal Jones, in the interim period, the church was well served by visiting preachers and the faithful elders; and Walter Rees Jones, in particular, would himself arrange the occasional service. Meanwhile, the search for a new Minister continued; and at an Association meeting the present writer met a minister from west Merionethshire who displayed some interest in coming to Salem. To the surprise of a large number of people he allowed the present writer to present his name to the Pastoral Committee. The end result was a worthy successor to the Reverend Glyn Tudwal Jones in the person of the Reverend Idwal Jones.

Chapter 11

The Ministry of Reverend Idwal Jones (1981-1983)

The pastorate was able to find a very suitable successor to the Reverend Glyn Tudwal Jones. As has been indicated in the last chapter, we succeeded in doing this as a result of a conversation between the present writer and the Reverend Idwal Jones, the minister of the Llwyngwril pastorate. The writer had shared ministry with him in a wedding and also at a funeral at Llanfihangel Glyn Myfyr, where he and his wife, Marged, had lived for many years. He was known, therefore, to be an experienced minister but one who was ready for a final move to another chapel before his retirement. He had been ordained in 1950 in the Association that had been held in Heathfield Road Presbyterian Church of Wales, Liverpool. Subsequently, he had served chapels in the Oswestry area; and also at Gaerwen, Anglesey; Cerrigydrudion and Merionethshire. He was a scintillating speaker, one of those fiery preachers, with gifts similar to those of his uncle, a minister with the Welsh Baptists in Colwyn Bay, the Reverend J. S. Jones.

In his first address in 1981, the new Minister mentioned the great change that was occurring in his life in moving to Merseyside from the Llanegryn-Llwyngwril area of Merionethshire. A remarkable induction service was held, with Salem full of worshippers and a warm welcome awaited us in the refreshments at the end of the proceedings. The Reverend Idwal Jones received a warm welcome in the chapels of the district as he was known to be an excellent preacher. During this period other changes occurred. Salem had to release Gwilym D. J. Davies and his wife on their retirement to Aberystwyth. Gwilym had been a great asset as Treasurer of the Church and fulfilled his duties and responsibilities without difficulty. Salem lost three other members during the year: Mrs Ellen Angletta Owen died on 20 February and within a week Captain William Owen, Hooton, near Chester. Both had been members at Laird Street Chapel to begin with, but, because they moved to Bebington and later to Hooton they were not able to attend frequently. Captain William Owen had been born in Bwlchderwin, in the Lleyn Peninsula, and Mrs Ellen A. Owen originated from Porthmadog.

Mrs Mary Hughes, Rock Ferry, came from Anglesey and she had been for years, a member in Parkfield Chapel and one at the regular attenders of the Seiat and the Prayer Meeting. She transferred to Salem in 1962 and was full of confident faith in the provisions of the Gospel. Mrs Hughes experienced a number of disappointments through family bereavements. Her husband died in 1954 and her daughter Dorothy Leyland, Bebington, in 1971. At her funeral the Reverend G. Tudor Owen recalled her as an attractive character, who spoke well of everyone and was always ready with Christian Service. She had a high regard for her own family and looked after them with devotion. Then her son Mr Trevor Hughes died suddenly, and as Walter Rees Jones said; 'she never became bitter but rather her strong faith in the Lord was sufficient to strengthen her.'

1982 proved to be a difficult year for Salem with the loss of five more members. Mary Gertrude Owen, Palm Grove, was the daughter of a minister. Her roots were in the Middlesborough Welsh community where her father had been a minister at a number of 'missionary chapels' attached to the Liverpool Presbytery. Margaret Ellen Roberts was another who passed away that year. She came from the Flintshire village of Cilcain but she moved back to High Street, Mold, in the last years of her life. She always kept her allegiance to

Salem. John Miles, Tranmere ha come from Trawscoed, Ceredigion, and it was always a pleasure for the present writer, who knew his home area well, to share a conversation with him during preaching engagements at Salem. He attended the evening service and thoroughly appreciated the preaching of the two pastors, the Reverend Glyn Tudwal Jones and the Reverend Idwal Jones. Another member who died that year was Mary Roberts, Norman Street, who had come from Merionethshire but she suffered quietly in her final years of poor health and confinement. But Idwal Jones was so attentive in his visits to see her in Hospital. A minister who was devoted to visiting the sick, he spent hours every day on comforting those who needed spiritual encouragement.

The sudden death of the elder William Thomas, Hesketh Avenue, was another great loss. His minister spoke of him as 'one who loved life and was like quicksilver in his character, full of useful activity.' His home, his wife, his two sons, and his Chapel, his work, and the Welsh society were his constant priorities.

At the end of 1982 Salem was a community of 121 members. They lost seven members during the year: five due to deaths and two moved to other chapels. On the other hand, two new members came from other churches. But the minister, the Reverend Idwal Jones, was thoroughly now enjoying his work in an urban environment and glad to be, also the minister for his Wirral pastorate of Rake Lane Wallasey, Salem Laird Street and Ellesmere Port.

22 November 1983 will never be forgotten. That day Mr J. Tudor Owen came on the phone to inform me that my friend, the Reverend Idwal Jones, had died after a short illness, following a heart attack. Our sympathy was extended immediately to his wife Marged and her two sons and the present writer was asked to be involved, with others, in arranging his funeral, as well as arranging a Service of Thanksgiving for his life and work. This was held at Salem on Friday 12 December 1983 when there was a large gathering. They came from both Merseyside, and from Wales, filling the chapel.

There was sadness and joy in that service for one who had been a prophet of God for thirty-three years. In the chapel report for 1983 Walter Rees Jones paid a compliment to the brief but valuable ministry of the late Reverend Idwal Jones amongst them. Though he had only been a minister for two years at Salem, he had gained the affection and full allegiance of his congregation. He proved himself as a faithful minister and pastor. All remembered, with affection, his humour, his constant visits to their homes; and how, in a short time, he became a personal friend to every family.

The Liverpool Presbytery was generous in financial term to his widow, Mrs Marged S. Jones. It was a tribute to the kindness of the local community that she decided to stay in Birkenhead. Since then, a period of nearly 23 years, she has immersed herself fully in the life of the Chapel and the Presbytery. In 1994 she was elected an elder, a responsibility that she has shouldered with total commitment.

Less than a month after the death of Revd Idwal Jones, Miss Catherine (Kate) Jones, of Briardale Road, died on 18 December. She was approaching 98 years of age. She had been baptised in the year 1886, and was accepted into full membership in 1900. She remained at Parkfield untill 1962 before transferring her membership to Salem. During the time that Miss Jones was a member, she provided a strong link between our own contemporary world and the distant past: in her childhood she would have seen Mr Richard Williams, the pioneer of Welsh Calvinistic Methodism in Birkenhead. He had planted the seed from which the Denomination was to grow in 1834.

Great joy was evident amongst members of the Salem family in summer 1983 when they heard that the elder, Walter Rees Jones, had been honoured. He had been made a member of *Gorsedd y Beirdd* at the National Eisteddfod of Wales in August, at Llangefni, in recognition of his contributions to the world of Welsh drama and to the Welsh life of Birkenhead. His father, Rees Jones, had been an elder in Parkfield and Honorary Secretary of the local *eisteddfod*, known by the unusual name of *Eisteddfod y Glomen Wen* (the White Dove Eisteddfod), for many years.

Walter Rees Jones assisted Salem Chapel immensely by publishing the Annual Reports of Salem from 1981 till 1996. He also spoke on behalf of the Church at the Service of Thanksgiving for the late Reverend Idwal Jones. Through its elders the Chapel indicated their high respect for the late Minister by asking Mrs Marged S. Jones to remain in the Manse rent free until a new minister was appointed. That could not happen immediately as there was now a serious scarcity of Welsh Presbyterian ministers. But as we see in the next chapter the effort to find a successor turned out to be much more successful than expected.

Chapter 12

The Ministry of the Reverend
R. E. Hughes (1985-1989)

The present writer, who had known him since the days of our theological training at Aberystwyth in the early 60's, had a great deal to do with the arrival of the Reverend R. E. Hughes as a minister on Merseyside. We belonged to the same generation and his communication skills as a preacher and how deeply steeped he was in Welsh culture from his background at Rhoscefnhir, in Anglesey, were well known. When he suffered nervous exhaustion and depression and he had to spend a period, under Dr David Enoch, at the Royal Liverpool Hospital I was able to visit him regularly, and also, he came to our Sunday services at Bethel, Heathfield Road, followed by a meal at our home.

It was obvious to me that Richard Edward Hughes, or Ted as I knew him, could overcome his illness by spending a period in an entirely different milieu, on Merseyside. It was an experiment on our behalf to create a new pastorate that brought North Liverpool and Birkenhead and Wallasey together. As a member of the Pastoral Committee I had a good opportunity to remind everyone of the attributes of the minister. I knew that he would bring a different dimension to our area and that he did not wish to live in the Manse. His wife, Mrs Jean Hughes, had been in banking, and they had jointly owned a house in Nefyn. A suitable flat was prepared for them in Bidston Court, Claughton Birkenhead. And throughout the period that R. E. Hughes was in Salem one senses a feeling of contentment. In his report for 1986 he maintains:

We have enjoyed each other's company in service, Seiat and Prayer Meeting. We have received so much comfort in our worship together. We have had many an influential and worthwhile hour on Thursday nights. The prayer meeting proved a signpost more than once to show us our way to the Throne of God and we became aware that the miracle of his mercy is still at work in the difficulties of the world.

The Reverend R. E. Hughes felt it to be an honour to serve as a Minister at Salem; and he gave two reasons: (a) The positive response of listeners at Salem compelled him to prepare seriously for the pulpit; (b) he was thrilled and gained enjoyment he had from listening and participating in their congregational hymn singing.

Mr T. M. Jones retired as Chapel Treasurer at Salem at the end of 1986 and Walter Rees Jones who succeeded him took on more responsibilities. Miss D. Vivienne Jones, the Financial Secretary, ably assisted him in this task. During 1986 the Chapel lost, through death on 21 May, Mrs Eluned (Lyn) Roberts, the daughter of J. H. Jones, formerly the editor of *Y Brython* in its heyday. His influence on his daughter had been immense and she was very faithful to her upbringing in Birkenhead. The Reverend R. E. Hughes mentioned her command of Welsh sayings: 'you felt in her company that she had been brought up in the heartlands of the Welsh language.'

Salem also lost, through their deaths, Mr Hugh Llewelyn Roberts, 96 Shrewsbury Road, on 10 August; and Mr P. Pryce Roberts, Egerton Road, on 22 August. Hugh Roberts had come from Nebo and since his early days he had an abiding interest in the witness of the Connexion. Mr Pryce Roberts was from the Ceiriog Valley in southern Denbighshire, though he had spent most of his life on Merseyside. His interests included music, games, *eisteddfodau* and the Welsh Society of Birkenhead.

Early in 1987 Salem lost another two more valuable members. On Sunday night 11 January, as he was crossing the busy Laird Street, nearly opposite the Chapel, Mr Thomas Moses Jones, Ashburton Avenue, was hit by a car. I shall never forget that night as when it happened I was conducting the evening service at Salem; and this was the news that I received as I arrived at the gates of the Chapel. T. M. Jones had been badly injured. The ambulance took him to the Arrow Park Hospital where he died the following day. A very dependable person, T. M. Jones never missed a service at Salem and like his brother, Arthur Jones of Ashton-in-Makerfield, had a very retentive memory; and he enjoyed reciting appropriate stanzas that we could have used in our sermons.

Three days later, on 15 January, Mrs Kitty Pritchard Williams, 117 Vyner Road South died. She had been brought up in the Welsh Independent Chapel at Clifton Road and spoke highly of its ministers and deacons. After the closure of that Chapel she became a member in Salem and was extremely faithful, especially to the Sunday morning service. A teacher by profession, she possessed very many talents. She was a singer, an organist and the conductor of a Birkenhead Ladies Choir for many years. She loved travelling overseas and gave accounts of her trips that fascinated her listeners.

During 1987, special reference was made to the contributions of Mr R. R. Roberts in his role as an elder in the Liverpool Presbytery since 1948 and for the contribution of Mr J. Tudor Owen in his work as Secretary for Salem for twenty five years. This had given a great deal of comfort to the membership and a testimonial was presented to J. Tudor Owen in a meeting on 14 May 1987. Out of a membership of 75 some 59 contributed the sum of £175.00 towards his testimonial which was richly deserved.

Further losses in the Chapel membership occurred in 1987; and it is obvious that the Minister had come to appreciate each one of them. On 17 February Mr John Bryn Parry, a native of Anglesey, died. He had enriched the Merseyside Chair Eisteddfod, held in the

Students' Union of the University of Liverpool, with his talents in the recitation competition. Like his fellow Salem stalwart, Walter Rees Jones, John Parry often entertained us. He read Welsh language books with delight. In his profession as a banker he was highly successful but he never lost his charming ways on social occasions.

Mrs Annie Williams, Bidston Avenue, a native of Llanfairpwllgwyngyll and an endearing member passed to glory, and she had, with her husband been successful in business. She died on 2 April 1987. Mrs Mair Pritchard, Ashburton Avenue, but originally from Montgomeryshire was another faithful member, courteous and kind. She died on 13 April. On 23 April Lewis Edwards, who had served as an elder and a leader in Woodchurch Road, died at West Kirby. He always reminded his Minister of the glorious past of the Liverpool Welsh and he himself had been an integral part of that story, both in Liverpool and in Birkenhead. He had been successful in the business world and he was admired for his generosity to the Christian Church. At the end of 1987 the number of members had declined from 87 to 75. Six had died; another six had left and no new members joined the congregation.

By early 1988, it is clear that financial problems were beginning to arise for the Chapel and the Presbyterian Church of Wales as a whole. From July 1988 a new plan was introduced by the Welsh Presbyterians – a plan that took into consideration the number of members within the pastorate, rather than those in a specific church. According to this new plan, the estimated contribution of Salem Chapel as part of the pastorate should be £24 a member, but from July onwards it should rise to £30 a member. However, this did not cover all costs and expenses. The Church had to pay for visiting preachers who were not ministers of the Liverpool Presbytery. Every Minister that came to Salem would have to be paid a fee, except, of course, for the minister resident at Bethel Heathfield Road, Liverpool, and the lay preachers from the special preaching course arranged every summer which had become such a bonus to local Chapels. The Presbytery offered to reimburse their out-of-pocket expenses but most of them (elders from the different Churches) never applied for them.

But, in addition, there were many other costs: the resident Minister's expenses, the expenses of the Pastorate, the expenses of sustaining the flat. In addition costs rose for heating the chapel, cleaning and repairs. And there was the need to pay small donation such as the £15, to the community newspaper, *Yr Angor*. Then there was the costs of servicing the organ (£40 in 1987); Christmas presents for the children (£15); communion wine (£8.50); hiring a bus to attend the Singing Festival at Bethel, Heathfield Road (which came to £8.50) – to name but a few of the concurrent expenses. These meant, that in reality. every member needed to contribute £50 a year in 1987.

Out of 75 members only 17 were able to meet that target; and, if it was not for the tax repayment, only five would have been able to meet that subscription fee. But, fortunately, Salem received interest on the sum of money that had been gathered after selling the Manse in 12 Palm Grove. This amounted to £1891.65p and in 1987 the interest amounted to £293.47p. In addition, the donation from the Birkenhead Welsh Society for renting the Schoolroom was £60 and the collections in the Sunday Services for the year raised £203.94p. The Chapel also gained £457.96p from the will of Miss L. Wynne with investments in stocks and shares of £117.48p were enough to keep Salem Chapel financially viable.

It would never have occurred to anyone attending the Sunday services that their contribution to the offertory did not even cover the cost of the preacher in the pulpit at Salem! Throughout the year, the Chapel raised the sum of £203.94 in collections. But the payment due for the services of the preachers came to £247.00.

In 1987 there was a special Christian Aid Appeal by the denomination as a whole to raise money to help the Sahel region. Salem raised the sum of £173.50. But in addition, money was raised by the morning and evening coffee event held in the home of Mrs Myfanwy Wolfenden at 39 Forest Road. She was the most generous of everyone in Salem. Her contributions to the Ministry Fund and to the Harvest Festival amounted to £225 in 1987.

Mrs Myfanwy Wolfenden was always ready to bring other members to chapel in her car, and, even up to today, at least five or six of the members fulfil this same role as the membership is so scattered. When our new hymnbook appeared, *Yr Atodiad* (an appendix to the edition published in 1929), Mrs Myfanwy Wolfenden donated 50 copies for use in the Church. Our Chapel Sisterhood presented a copy of the new version of the Welsh Bible for the use of the pulpit preacher. Salem chapel had supported the special service held to celebrate the translation of the Bible into contemporary Welsh on St David's Day in Liverpool. That occasion, was also a thanksgiving for the first translation of the Bible into Welsh from ancient Greek versions, by Bishop William Morgan in 1588. This celebrated an event that, in itself, was a tremendous achievement.

In 1988 the Chapel lost four members, Mrs Sinah Pritchard who had moved to Newcastle on Tyne but retained her memberhsip and Mrs Edith May Price, Old Colwyn, the widow of Mr T. E. Pryce, Bromborough. Emyr Goronwy Jones, Kingsmead Road South, was another. He was the son of David Jones who had been an elder at Rock Ferry as well as Salem and the author knew him well at Bethel Chapel, Heathfield Road Church in Liverpool. The fourth member who died was Tudur Glynne Lewis, West Kirby, a native of the Conwy Valley, and a man with 'a great heart'. So 1988 turned out to be another year of grief.

On the other hand, during 1998 the Women's Fellowship continued working hard under the chairmanship of Mrs Marged S. Jones, with Mrs Mair Rees Jones as Secretary and Miss Edith Caine as Treasurer. These hard-working women, and their friends, raised the sum of £700 for the Kidney Research Fund. This was particularly appropriate. This fund meant a great deal to the church as

Mrs Megan Owen, wife of J. Tudor Owen, had suffered for many years from kidney disease and she depended on the dialysis for her continued existence. She was an example of Christian piety in suffering who was greatly admired by all her fellow members. This generous act was a well-deserved acclamation of personal recognition and a great tribute to her.

Mrs Megan Owen was always ready with a warm welcome for visiting preachers to stay at her home. This essential task was shared in 1988 by five of the women of Salem, Mrs Marged S. Jones and Mrs Elisabeth Emrys Evans, Mrs Gwladys Thomas (Barnston) while Mrs Myfanwy Wolfenden volunteered this important service for two months and Mrs Mair Rees Jones for three months. In addition, these ladies were responsible for preparing the Lord's table for the monthly Communion Service. They did this together with Mrs Glenys Jones, the widow of Evan R. Jones; Miss Edith Caine; Mrs E. E. Jones, Rock Ferry; Mrs Morfydd Williams, Moreton; and Mrs Edwin Owen, Egerton Road.

Another huge change took place in 1989 when the Reverend Richard (Ted) Hughes decided to move back to Wales after receiving a call to the Tremadog pastorate in Lleyn and Eifionydd and he began his duties in October. As part of the Merseyside pastorate Salem had an opportunity of acknowledging the contributions of the Reverend Ted Hughes, and his wife Jean Hughes, at a meeting held on 21 October when he received a testimonial in the name of the four chapels of his pastorate. This meant another period without a minister and thus more responsibility on the shoulders of the elders.

The period of the Reverend R. E. Hughes at Salem had been positive in the furtherance of the Kingdom of God. His gifts were well appreciated, in particular his presentation of the Gospel. Nevertheless, he worked in his own personal style, keeping members faithfully within the fold. As a result, his pastorate became much more extensive than that of his predecessors. He served as Moderator of the Presbytery in 1987 and did his work well. His final address, at the end of his term of office on 27 January 1988 was memorable. The Reverend R. E. Hughes reminded us of the way in which many Welsh men and women had been lost from our Chapels and how this weakened our Christian witness. He felt glad that he had participated in so many activities, celebrations, committees and meetings amongst the Welsh people on Merseyside. He felt very much at home in these Welsh communities and, in particular, he thanked his pastorate and the Presbytery for allowing him to rediscover the important call that he had received to the service of Christ, the King of glory, as one of his disciples. This summed up his rich contribution to us on Merseyside.

Chapter 13

The witness of the faithful few (1990-92)

Salem was a community without a pastor when the Reverend R. E. Hughes left for Eifionydd, but there were still a remnant of faithful members who were determined to witness to the Christian faith. One could see the signs of hope in the small Sunday School for the children and in the monthly Women's Fellowship. The faithful few came together to meditate and pray. But they could not deter the loss of valuable members through death. Jane Hughes, Woodsorrel Road was a native of Llanllyfni and in the tribute given to her one was reminded of her kindness, charm, her natural Welshness and her support for the Sunday morning service. The family gave to Salem the sum of £300 in her memory, a generous gesture which was greatly appreciated.

Later that year Miss Olwen Hughes, Bidston Avenue, died after a long illness which denied her the opportunity of being one of the faithful few. Infirmity hindered a number of the leaders of the chapel, and then on 16 November 190 suddenly, the well known elder Edwin O. Williams died, at the age of 90. He had been associated with the Welsh Presbyterians in Birkenhead for at least 75 years. He came to the town in 1915 to work on the railway and became a member of Parkfield Chapel during the ministry of the Reverend Dr J. G. Moelwyn Hughes. Elected an elder in 1946, he was a brother to the Labour politician and MP, W. R. Williams, who was also an elder at a Welsh Presbyterian Chapel in London.

There were other losses from the community of Salem in 1990. Miss Gwendoline Mary Owen, Ringwood Court (a faithful member at Rock Ferry Chapel) died and left in her last will and testament the sum of £500 to the Chapel. Miss Elizabeth Ann Jones, Wharfedale Avenue, had been a faithful member of Woodchurch Road Chapel before coming to Salem. She died three days after her friend, Miss G. M. Owen.

In the death of Miss Nesta Evans, Primrose Road, the community of believers lost one who had been associated with Laird Street throughout her life; she was christened at Laird Street Chapel in 1918 and kept loyal to Salem as well. Mr Gwilym Davies, Waterpark Road, died as a result of an accident in his home, a tragedy to his wife Beryl Davies and the family. I knew Gwilym as he had been a member in Heathfield Road Chapel, Liverpool, before they moved to Birkenhead. The accident took place on 19 July. At the end of 1990 the number of members was 63 and no new member had joined the faithful few. The members were looked after by the Reverend D. Glanville Rees, who has given an outstanding service to Welsh and English Free Church congregations on Merseyside for the last 40 years. A vote of thanks was expressed to the Reverend D. G. Rees at the Elders' Meeting on 29 December 1991 for his ministerial input. A generous gift was presented to him for his gifts of ministry.

Salem like all Welsh chapels on Merseyside needed constant encouragement as well as structures to assist them in their witness, like the Sunday School which by 1990 was very small indeed. The biggest task was to transfer the Nonconformist ethos to a new generation through the medium of the Welsh language. This has been our greatest failure with the result that the Welsh chapels on Merseyside have been denied the enthusiasm of a large number of young people from one generation to another.

But we must also remember those families who succeeded to bring up their children as Welsh speakers. An example of such a family in Laird Street was the Cynlais family and this was under-lined in a memorable tribute to Lord David Thomas Gruffydd Evans of Claughton by J. Tudor Owen at Bethel on Monday 18 May 1992 under the chairmanship of the Moderator Dewi Garmon Roberts, Stanley Road, Bootle.

Lord Evans was a product of Laird Street and he was the third generation within the community. His grandfather David Evans, as we remember, was a builder on a grand scale, and was instrumental in the building of Laird Street in 1966. His son, John Cynlais Evans, followed his footsteps.

D. T. Gruffydd Evans had his education in Birkenhead School, Friars School, Bangor and the University of Liverpool where he met the remarkable Professor of Law, Seaborne Davies, and a native of Pwllheli. After graduating he was accepted by Lamb, Goldsmith and Howard, a Merseyside based firm of solicitors. D. T. G. Evans took a great deal of interest in politics and he belonged to the Liberal Party as did his family and a large percentage of the Mersey-side Welsh. Elected as a councillor for Claughton Ward he gave a great deal to the people of Birkenhead. Everyone knew him in Claughton. He served on Merseyside Council as leader of the Liberal Party. Elected as a member of the national Liberal Party Executive, he became its Chairman in 1965.

He was star in the life of the Liberal Party. In 1978 he was asked to represent the Liberals in the House of Lords and Lord Evans of Claughton chaired the Liberal Party Assembly on 12 to 16 Septem-ber 1978.

Even though he was busy, he never forgot his Welsh roots. A generous person, who had great a deal of humour, he was an excel-lent public speaker. He was fortunate in his home life, his wife Lady Moira Evans and his children whom he adored.

He dealt with the legal matters of Liverpool Presbytery after his retirement of his senior partner, Ieuan D. Howard. Lord Evans was a safe pair of hands and his advice was always dependable. His funeral service took place at Salem where he had been since childhood an integral part of the Welsh Presbyterian community. In a memorial service to him at St Saviour, Oxton, J. Tudor Owen was given an opportunity of referring to his contribution. Laird Street and Salem can feel proud of the life and work of Lord Evans of Claughton.

Chapter 14

The Ministry of the Reverend Thomas Reginald Wright (1992-2000)

I well remember travelling to Chester on Saturday 14 November 1992 to take part in the Induction Service for my friend and fellow student at Aberystwyth the Reverend Thomas Reginald Wright. A popular member of the student body at Aber, Tom was something of a phenomenon among us. His father was a Londoner while his mother was born at Borthygest, Gwynedd, and it was she who brought up her son in the ways of a Welsh Chapel in London. Tom and his wife Catherine knew the chapels of the London Welsh well; and it was through the London Welsh Presbytery that he found himself reading for his Bachelor of Divinity at Aberystwyth. He completed his BA and BD and decided on a teaching career. When he decided to take early retirement from NEWI at Wrexham he decided to be ordained. For a period he served as Warden of Trefeca College, near Brecon, a lay training institute, where he was extremely contended. Trefeca is somewhat remote from major population centres, so it was natural that he was keen to come back to north-east Wales where he had been so happy in his earlier appointment at NEWI. This is how Salem was to gain another mature minister in 1992. The pastorate to which he came was extensive, ranging from Wallasey to Birkenhead and then to Ellesmere Port and finally Chester. This offered challenging responsibilities but he fulfilled his duties in a fine style. Fortunately, he could call on ample resources and his own liberal left-wing attitude, which is so refreshing. He loves to read *The Guardian* and *The New Statesman,* two papers that you do not find often in a Welsh Manse. He is not narrow in his Welshness and is something of an internationalist in the Tony Benn style. All this was refreshing. He loved his members and the elders at Salem. He rejoiced at the election of Mrs Marged S. Jones and John H. Thomas when they were made elders in 1994. Year after year he praised his lieutenants, J. Tudor Owen, Walter Rees Jones, Marged S. Jones, and John Thomas and the Finance Secretary, Miss D. Vivienne Jones. He gave enriching eulogies to those who had departed to God's service in life eternal. His eulogies are memorable: Elisabeth Jones, Rock Ferry (a native of Holyhead); Mrs Nesta Vowles, who lived in Helsby (both died soon after he arrived). Also, in 1994, those for two endearing members: Mrs W. Ellis Hughes, Epworth Grange; and Mr Edwin Owen, a retired railwayman, who never missed a service at Salem. What an inspiration he was to his minister and to those of us who came to preach! In 1996 Salem lost Islwyn Jones who had worked on the building of the first Mersey Tunnel.

During 1997, Salem did not lose any member and remained at 45; but 1998 was a different story with the deaths of Mrs Elizabeth Kate Emrys Evans, Mrs Dilys Elizabeth Jones and Dr Vernon Walters. My own obituary for Mrs Elizabeth Evans is reproduced in the Appendix to this book. I had known Mrs Dilys Jones well as she was a member in our church at Penny Lane, Liverpool. She was a daughter of John Lloyd, an elder at Heathfield Road Chapel while Dr Vernon Walters, from south Wales, served for 24 years as Head of the Liverpool School of Pharmacy, an institution whose founder H. Humphreys Jones had been a Welshman. Mrs Evans and Dr Walters would have been wonderful elders and Salem missed a golden opportunity in not electing them to this key position in the Chapel. Another person who also deserved to have been an elder

Mrs, Myfanwy Wolfenden died on 4 March 1999. Salem never had a more lovable member, who cared for children in the Sunday School, whose roots went back to 1852 when her grandfather enrolled as a member at the Welsh chapel in Camperdown Street. Though born in Birkenhead, and third generation at that, she was fluent in Welsh. She never missed a service and brought in her car other members with her to chapel. She donated more to the Chapel funds than anyone else. Yet, those that knew all this never voted in sufficient numbers to ensure that she became an elder. In her will she left £5,000 to the Chapel. If Salem could have found 100 members like her in 1999 the Chapel would have been very well provided for. Jesus was her saviour and his Kingdom deserved her energy, talents and her donations. May she continue to inspire us today, for she inspired many. Mr Francis Haydn Hughes died in the same year and he had been employed at the Cammel Laird ship building yard while Mrs Myfanwy Henshaw, also Birkenhead born, was a member till 1983 in Clifton Road Independent Chapel (which closed its doors in 1983) before joining Salem. She was generous and left £500 in her will to Salem.

In 2000 the Minister decided to cut down on his duties as a result of heart trouble. The Reverend T. R. Wright has brought three ailing chapels together to recognise the inevitable need for unity, to organise fellowship holiday every June at Trefeca which he regards as his *Afallon* (Paradise), and to make the most efficient arrangement to meet all his responsibilities as a preacher. Possessing a clear voice he was a Godsend to congregations where 50% are hard of hearing and will insist on sitting as far as possible from the pulpit! We miss the Reverend T. R. Wright greatly though he still keeps an eye on Ellesmere Port and is asked to come back to officiate at the funerals, though he now lives 40 miles away in Wrexham. This shows the affection that Salem members have retained for him. Just after his retirement the Reverend Wright came back to the thanksgiving services for the late Miss Dilys M. Jones, Lingdale Road, an organist and *halen y ddaear* (salt of the earth) for Salem, and also for the late Mrs Gwladys Jones, widow of Islwyn Jones who had been a valuable member of the Chapel all her life. She came from a large Welsh family in Birkenhead. Salem was again facing an uncertain future with 36 members.

Chapter 15

The birth of Seion in 2001 and the story till 2006

In 2001 Salem lost one of its outstanding leaders in the death, on 5 April, of Walter Rees Jones, after a long illness. His contribution to the Birkenhead Welsh was immense. He was one of the original twenty-two elders and laypeople who belonged to the scheme initiated by the present writer in 1982 to assist the worship of the Merseyside chapels in their Sunday services. The elders met at least for 6 sessions every summer, usually at Bethel Chapel near Penny Lane, Walter Rees Jones never missed a session and it was a treat to mark his script and his sermons which enriched his own congregations and others. He had been well cared for by his wife, Mrs Mair Rees Jones. Before the end of the year, his sister, Miss Dilys Jones, who lived in Hoylake, died. She had been a tower of strength to the family in her role as a carer. Then, on May Day, Mr R. D Pugh, Grainger Avenue, died in Clatterbridge Hospital. He had been one of the early members of Laird Street Chapel. A retired teacher, he was proud of his Welshness. Two days later, at Barnston Court, in Moreton, the community of Salem mourned the death of Mrs Enid Evans, a devout member, who had passed away at the age of 90. On May 14, Mrs Gwenith Jones, a native of Dolgellau, died at the age of 95, at Oriel Nursing Hospital, Birkenhead. She was the widow of Mr T. M. Jones, an elder at Salem before his fatal accident in 1987.

In 2001 Rake Lane Chapel was celebrating 100 years of existence in combination with Liscard Road Chapel of Seacombe. In 1900 the Calvinistic Methodist Chapel which met in Egerton Street, New Brighton, decided to look for a new site. A new chapel was built which was opened by the end of June 1901. This chapel was sited between the towns of Wallasey and New Brighton. In time it became known to the Merseyside Welsh as 'Rake Lane, Wallasey', but in the official history of Liverpool Welsh Calvinistic Methodism, written by the Reverend J. Hughes Morris (published in 1932), the chapel was still referred to as Rake Lane Chapel, New Brighton.

During the ministry of the Reverend T. J. Rowlands a close relationship developed between the Rake Lane and Laird Street Chapels after the Reverend Lodwig Lewis (father of the dramatist and poet J. Saunders Lewis), had moved in 1916 to a new pastorate in Swansea. Rake Lane Chapel reverted to its former affiliation with Salem, Laird Street in the 1970s and remained so until 2000 and the ministry of the Reverend T. R. Wright. The Seacombe Welsh Chapel became the spiritual home of Saunders Lewis. In a letter written in English during WWI, he gives us a glimpse of a prayer meeting that he attended in Seacombe Chapel: 'And yet I liked that tiny gathering of men and women, all simple and not rich, meeting in an English city to pray and have quiet, and speaking and singing in their own tongue'. He added:

> I think if meetings of prayer and worship were small and few, and only the poor and simple and the unambitious cared for them, they might become fountains of wisdom and power, and men might go out of them to the conquest of the world.[22]

I am so glad that we took the initiative on behalf of the Merseyside Welsh Heritage Society to place a plaque on the house known as 'Liscard', 6 Wilton Street (the house where J. Saunders Lewis spent his early days), on Sunday 25 February 2001. This event was followed by a memorable service in the United Reformed Church at Seacombe. It was a privilege to have the company and contribution of Dr R. Geraint Gruffydd, Aberystwyth, a friend of the family of Saunders Lewis. Mrs Mair Saunders Jones, the daughter of Saunders Lewis, and her children and the Roman Catholic Bishop D. J. Mullins, who had ministered to the man who was one of the founders of Plaid Cymru in his final illness and to hear their spoken testimonies. What became evident at that memorable meeting was the strong Christian faith of J. Saunders Lewis who had been converted from Welsh Presbyterianism to Catholicism – and the support and co-operation that we had received from the Welsh community centered on Rake Lane Chapel.

It was decided that another special service should be held on Sunday afternoon, 24 June 2001, at Rake Lane to celebrate the 100 years existence of the chapel and the union of Rake Lane with Salem at Laird Street to become a congregation known as Seion (Zion). The presiding Minister was the Reverend Eleri Edwards, Moderator of the Liverpool Presbytery and Chaplain to the Merseyside Welsh since 1996. The organist at this special service was Goronwy Humphreys who is a member of a well-known family that attended the Rake Lane Chapel. I remember his father as an elder, his devout mother, and his sister Mrs Margaret Jones who currently is the Secretary of the Liverpool Presbytery Missionary Committee. Leaders from both congregations participated in the service, namely John H. Thomas, J. Tudor Owen, Mrs Gwladys Thomas and Mrs Marged S. Jones from Salem Chapel, and Mrs Owena Davies, Mrs Olwen Jones, Miss Iris Hughes Jones and Miss Olive Jones from Rake Lane Chapel. The Reverend John Owen, Rhuthin, past Moderator of North Wales Association delivered the *siars* (charge) while the present writer spoke on the history of the New Brighton, Seacombe and Rake Lane Chapels.

Seion Chapel began its life as a Christian community on Sunday 1 July 2001 when seventeen members joined with members of Salem to create a new chapter in Welsh Presbyterianism. However, before the end of six months Seion had lost Miss Dilys Jones and then, on Boxing Day 2001, Mrs Nan Owen (late of Egerton Street) passed away. Another faithful adherent who died was Miss Mair Blodwen Jones, who had been a deacon with Welsh Baptist Chapel, Woodlands, Birkenhead, before its closure. She could have switched denominations but preferred to remain a Baptist but within the Presbyterian fold to the end of her days. Denominationalism has strong retaining links and that is the reason why a United Free Church will not come in our day. If it is to come, then it will occur around 2025 when a hundred or so more chapels will have ceased to be viable, including, perhaps, Seion itself. Before the end of 2001 it was sad to pay homage to the friendly George Martin, a native of Holyhead, and a great friend of Mr and Mrs Bill Byrne who did so much for the Cause. The union of Salem and Rake Lane brought together people who knew each other well and reflecting trends elsewhere, it was decided to concentrate all services into Sunday afternoons. This has worked well. The chapel contributed very well to the Bangladesh appeal arranged by the Christian Aid committee of the denomination. The total sum collected at the end of 1992 amounted to £355. During the year the chapel mourned the loss of Miss D Vivienne Jones, Miss Hannah Mary Hughes and Mrs Jennie Jackson. Both Miss Hughes and Mrs Jackson were in their nineties. The following year on 21 February Mrs Myfanwy Pugh died in Worcestershire, on 6 August Mrs Dorothy Blaxall (baptised at the Rake Lane Chapel) died at her home, and then on 30 September at Arrowe Park Hospital, Mrs Sydney Corran, a native of Birkenhead, died. In 2004 Noddfa Welsh Methodist Chapel, Bebington decided to close its doors but only four members joined Seion. The others enrolled at English speaking churches which were more convenient for them in term of location. This would have been alien to Mrs Mair Olwen Lewis who travelled all the way from West Kirby so that she could worship God in her native tongue. She was still travelling this distance up to a few weeks before her sudden call to God's heaven on 2 February 2004. This was true, also, of Miss

Myfanwy Evans, who died at the age of 97 and who had moved to three different chapels so that she could praise God *yn y Gymraeg* (in Welsh). By the end of 2004 Seion numbered 40 members.

In 2005 another stalwart of Seacombe and Rake Lane Chapels, David Medwyn Davies, a native of Llanrhaeadr, in the Vale of Clwyd, died. His wife, Owena (a daughter of the Manse) had nursed him for a long period. Then on 22 November Miss Blodwen Roberts, Prenton died at the age of 91 and she was laid to rest in Brynrodyn, Groeslon, a tradition that was once a regular occurrence on Merseyside up until the mid 1970s. Funeral costs, and the increased popularity of cremation amongst families have effectively undermined the old tradition of going back to one's roots to be buried. The chapel buildings at Laird Street are in good condition. It is pleasing to see this fine building is still appreciated by the Welsh of the Wirral. A member of the congregation, Mr Gwyn Jones was asked to find an economical way of heating the chapel and this has now been achieved to everybody's satisfaction. We look forward to the centenary celebration on 9 April 2006. My final words come from Paul's advice to the disciples in the Church of Thessalonica:

> So friends, take a firm stand, feet on the ground and head high. Keep a tight grip on what you were taught, whether in personal conversion or by our letter. May Jesus himself and God our father, who reached out in love and surprised you with gifts of unending help and confidence, put a fresh heart in you, invigorate your work, enliven you speech.

Here, also, is one more Pauline verse to ponder on: 'May the Master of Peace himself give you the gift of getting along with each other at all time, in all ways. May the master be truly among you!' This is my sincere prayer for my fellow Christians at Seion, Laird Street, Birkenhead, and to all who have read this dramatic story of the fire that was kindled 100 years ago in the Revival and has never been extinguished.

Appendix I

EVANS, Elizabeth Kate (Emrys) (*née* Jones) (1904-1998)
One of the most dependable leaders of the Women's Missionary Society on Merseyside of the Presbyterian Church of Wales. She was born in Caernarfon on 30 March 1904, the daughter of Mr and Mrs Evan Jones. Educated locally, at the Sir Hugh Owen Grammar School and at the University College of North Wales, Bangor, she was the first female student in the History Department of the College to gain first class honours. She lectured at Bangor Normal Training College before moving in 1935 to the Wirral. She married the Reverend R. Emrys Evans and both were stalwarts of the missionary witness for India in the Birkenhead and Merseyside areas. Mrs E. K. Emrys Evans (as she liked to be known) was completely dependable, possessing detailed knowledge of the work in India and having personal acquaintanceship with many of the missionaries, in particular Dr R. Arthur Hughes and Mrs Nancy Hughes. She served the Women's Section conscientiously and prepared a Welsh booklet on the activities on Merseyside.

Mrs Evans taught in two grammar schools in West Kirby and Birkenhead and brought up two children, a daughter Gwenllian and a son Dafydd, the latter becoming Professor of Law in Hong Kong. Her physical frailty caused her to move for the last five years of her life to be near her daughter's family in Gwent. She died on 9 June 1998 at Newport, Gwent and a memorial service was held on Tuesday, 28 July 1998 in the Welsh Chapel at Salem, Laird Street, Birkenhead. The service was conducted by her minister, the Reverend Tom R. Wright, and the Reverend Glyn Tudwal Jones, Bangor (the Moderator Elect of The Presbyterian Church of Wales) and myself. I was privileged to deliver the tribute. Later that afternoon, her ashes were interred in Elim Cemetery, Llanrhaeadr-ym-Mochnant, Montgomeryshire.

See D. Ben Rees. 'Mrs Elizabeth K. Emrys Evans, BA'. *Yr Angor* (The Anchor: community newspaper of Liverpool and Merseyside). Vol XX, no. 5, October 1998.

EVANS, Robert Emrys (1897-1986). General Secretary of the Foreign Mission of the Presbyterian Church of Wales. Born in 1897 he was the son the Reverend Robert Humphreys Evans and Mrs A. J. Evans, Llanrhaeadr-ym-Mochnant. Because of the premature death of his father, his mother and the two children moved to Machynlleth. Educated at the local primary school and the County School, he left to work as an overseer of an estate, with special responsibility for the quarry at Aberllefenni. He joined the Army and saw action in Egypt and Palestine, and was wounded. Evans came under the influence of the Reverend (later Professor) David Williams, an extraordinary First World War chaplain, and decided to enter the Christian ministry. He received his academic qualifications and training at the University College of Wales, Aberystwyth and the United Theological College

Ordained in 1925, he served at Rhosesmor, in the Flintshire Presbytery before moving in 1929 to the Wirral, where he remained for the rest of his life. He served the Welsh Presbyterian Chapel of West Kirby from 1929, leaving to be a chaplain during the Second World War and then returning to the Welsh chapels of Ellesmere Port and Rock Ferry. R. E. Evans succeeded the Reverend Llywelyn Jones as General Secretary of the Foreign Mission until his retirement in 1963.

He and his wife, Mrs Elizabeth Emrys Evans, took an enthusiastic interest in the work of the Mission Field and its witness. They were the means of maintaining the missionary spirit among the Merseyside Welsh. He had a very retentive memory and an abiding interest in and knowledge of theology. Two children, a son and a daughter, were born to them. His son, Professor Dafydd Evans, died in early April 2006 at Kew at the age of 68.

R. Emrys Evans died on 12 March 1986, at his home in Birkenhead, and I took charge of his funeral on 19 March at Salem, Laird Street, and later at the Elim Cemetery, Llanrhaeadr-ym-Mochnant, Montgomeryshire.

See D. Ben Rees, 'Y Parch R. Emrys Evans, HCF, BA, Birkenhead' [in] *The Yearbook of the Presbyterian Church of Wales for 1986.* Personal knowledge.

NOTES

1. George Chandler, *The Merchant Venturers* (Liverpool, Rondo Publications Ltd, 1973), 85; Alisdair Munro and Duncan Sim, *The Merseyside Scots: A Study of an Expatriate Community* (Birkenhead, 2001), 19-34.
2. Ian Boumphrey, *Birkenhead: A Pictorial History* (Chichester, 1995), 3.
3. Alisdair Munro and Duncan Smith has given us the percentages of the Celts in Birkenhead between 1861 and 1991. The Irish had the largest grouping from 1861 till 1891 but the Welsh from 1901 till 1991 (for most of the twentieth century) have been the largest community in Birkenhead and the Wirral.

Birkenhead – Percentage of Scots, Irish and Welsh born

Year	Scots	Welsh	Irish
1861	4:9	7:1	14:4
1871	n/a	n/a	n.a
1881	3:9	5:8	8:8
1891	3:3	5:6	6:2
1901	2:7	5:3	4:8
1911	2:7	4:5	3:7
1921	2:2	4:1	3:5
1931	1:7	4:0	2:1
1941	no census		
1951	1:7	3:2	1:8
1961	1:4	2:5	1:7
1971	1:4	2:1	1:5
1981*	1:4	2:1	1:1
1991*	1:3	1:8	0:9

(* Wirral MDC)
Alasdair Munro and Duncan Sim, op cit, 25.

4. J. H. Morris, *Hanes Methodistiaeth Liverpool*, ii (Liverpool, 1932), 16; John Ogwen Jones (1829-84) was ordained in 1859 and was minister of the church at Parkfield, Birkenhead, 1857-60. See Richard Thomas, John Ogwen Jones, *The Dictionary of Welsh Biography down to 1940* (London, 1959), 487.

5. J. Hughes Morris, ibid, 317-20. Griffith Rees was the father of Griffith Caradog Rees who fought against William Ormsby-Gore (C) as a Liberal candidate in December 1910 General Election for the Denbigh Borough seat. He lost by 9 votes.
6. J. H. Morris, ibid, 321.
7. Huw Llewelyn Williams, *Thomas Charles Williams* (Caernarfon, 1964). Thomas Charles Williams gave Evan Roberts, the revivalist every support; see D. Ben Rees, *Mr Evan Roberts: the Revivalist in Anglesey 1905* (Llangoed, 2005), 17-19, 31-1, 49-50, 53, 60, 63, 71, 75, 79, 87-8.
8. J. R. Jones, *The Welsh Builder on Merseyside* (Liverpool, 1946), 35. He came to Birkenhead in 1884, and worked for his brothers, R. & J. Evans of Seacombe. In 1892 he went to reside at Birkenhead, established the firm of Messrs Evans, Jones and Evans and built street of houses in Birkenhead and Seacombe. From 1923 to 1926 he was a Liberal member for Claughton Ward on the Birkenhead Town Council. In 1926 he lost the seat by 63 votes to the Conservative candidate and it was not until 1958 that the Liberals succeeded in gaining representation in the ward again, the victorious candidate being his grandson, D. T. Gruffydd Evans.
9. Alan Llwyd, *Gwae Fi Fy Myw: Cofiant Hedd Wyn* (Llandybie, 1991), 13-29.
10. ibid, 30.
11. ibid, 26.
12. With the profits of *Cerddi'r Bugail*, supplemented by subscription a statue of him as a shepherd (by L. S. Merrifield) was unveiled in 1923 at his home village of Trawsfynydd. A second edition of the *Cerddi* was published in 1931; and a third edition in 1995. The first edition was edited by Reverend J. J. Williams, the second was edited by the Reverend William Morris and the third edition by Alan Llwyd.
13. Adroddiad Blynyddol Eglwys y Methodistiaid Calfinaidd, Laird Street, Birkenhead, am y Flwyddyn 1920 (Liverpool 1921), 3.
14. David Evans was immediately chosen as an elder in Llangoed, Anglesey. Of the three chosen in 1921 at Llangoed two of them had been elders in Liverpool, W. O. Hughes, Bodfa and David Evans, Cynlais. In 1927 David Evans gave a piece of land to build a Manse for the Reverend J. H. Griffiths and the family. See Hugh Owen (Editor), *Braslun o Hanes MC Môn (1880-1935)* (Liverpool, 1937), 121. Information also from Revd. John G. Morris, Llangoed.
15. For Professor William Garmon Jones (1884-1927), see J. J. Williams, William Garmon Jones, *The Dictionary of Welsh Biography down to 1940* (London, 1959), 528. A memorial carved by Tyson Smith to W. Garmon Jones was set up in the Cohen Library, University of Liverpool.
16. The Reverend Iorwerth Jones Owen, Carnarfon who ministered at Parkfield Chapel, Birkenhead has a lecture on Isaac Parry.
17. Dyfed Evans, *Bywyd Bob Owen* (Caernarfon, 1979, third edition).
18. D. Ben Rees, *Cymry Lerpwl a'r Cyffiniau yn yr Ugeinfed Ganrif Cyfrol 2* (Liverpool, 2001), 69.
19. He was a product of the Chapel in Llangoed, Anglesey. See Hugh Owen, ibid, 122.

20. For R. Meirion Roberts there is an article in Welsh by the Reverend Gomer M. Roberts in *Y Bywgraffiadur Cymreig 1951-1970* (Llundain, 1997), 180.

21. John Cynlais Evans moved to Llanfairpwllgwyngyll, Anglesey and in 1957 he and W. Ambrose Pretty were elected deacons at Rhos-y-Gad Presyterian Church of Wales. See Huw Llewelyn Williams (Golygydd), *Braslun o Hanes Methodistiaieth Calfiniadd Môn 1935-1970* (Denbigh, 1977), 252.

22. Saunders Lewis wrote the letter from Blackdown on Saturday 12 February 1916 to Margaret Gilcriest (who became his wife). He took part in the prayer meeting and said: 'Afterwards I was considerably startled by my action myself, but I am relieved to remember there were not twenty people there.' See Editors, Mair Saunders Jones, Ned Thomas and Harri Pritchard Jones, *Saunders Lewis: Letters to Margaret Gilcriest* (Cardiff, 1993), 185-6. At the end of this letter Saunders Lewis boasted that he was a peasant, and that all 'my ancestors for hundreds of years have been livers of the soul'. Most of the members of Laird Street Chapel remembered in this book could say the same words as Saunders Lewis.